数字化 HR

重新定义组织与人才

桂穗湘　林雄俊 / 著

化学工业出版社

·北京·

内 容 简 介

人才是组织成长与发展的核心要素，也是企业建立持续竞争优势的关键力量。数字经济背景下，HR（Human Resources，人力资源）管理也将迎来新一轮的变革与重塑，HR数字化转型成为企业数字化战略落地的重要基石。

本书作者结合自身在HR领域20多年的实战经验，以及对国内外HR数字化建设领先企业的敏锐洞察与总结，分别从数字化HR、实践路径、HRTech应用、业务场景等四大维度出发，全面阐述HR数字化的基础要素、顶层设计与战略路径，深度剖析AI、大数据、云计算、RPA等数字技术与工具在HR领域的应用场景，并针对人力资源管理各业务模块的数字化转型提出了行之有效的实战策略与操作方法，对企业数字化转型具有较强的实践指导价值。

本书适合所有企业管理者以及HR阅读，也可供普通高等院校工商管理、人力资源管理等相关专业的教师、学生参考学习。

图书在版编目（CIP）数据

数字化 HR：重新定义组织与人才 / 桂穗湘，

林雄俊著 . —北京：化学工业出版社，2023.1

ISBN 978-7-122-42388-7

Ⅰ .①数… Ⅱ .①桂… ②林… Ⅲ .①企业管理—数字化—研究 Ⅳ .① F272.7-39

中国版本图书馆 CIP 数据核字（2022）第 195239 号

责任编辑：夏明慧

责任校对：刘曦阳　　　　　　　　装帧设计：卓义云天

出版发行：化学工业出版社（北京市东城区青年湖南街 13 号 邮政编码 100011）

印　　装：天津画中画印刷有限公司

710mm×1000mm　1/16　印张 14½　字数 208 千字　2023 年 4 月北京第 1 版第 1 次印刷

购书咨询：010-64518888　　　　　　售后服务：010-64518899

网　　址：http://www.cip.com.cn

凡购买本书，如有缺损质量问题，本社销售中心负责调换。

定　　价：69.00 元

前言

新一轮科技革命和产业变革正在重塑全球经济结构，5G、AIoT（人工智能物联网）、大数据、云计算等新兴数字技术与实体经济深度融合，赋能传统产业转型升级，数字化转型成为企业面向未来竞争的必然战略抉择，而企业的数字化转型必然会带动内部组织的数字化转型。

在知识经济时代，人才是组织成长与发展的核心要素，也是企业建立持续竞争优势的关键力量，而人才的甄别、选用、培养与发展一直是人力资源管理部门的核心工作。为了满足企业数字化转型对人才的需求，保证企业数字化战略稳步推进，HR 管理也要实现数字化转型与变革。简单来说，HR 数字化转型就是以智能化提升为基础，对云计算、大数据、AI（Artificial Intelligence，人工智能）等技术进行集成应用，将依靠经验进行决策转变为数据驱动决策，全面提升人力资源管理的运作效率。

一般来讲，在企业管理中，HR 往往扮演着四类角色，分别是行政管理者、员工协助者、策略伙伴和变革驱动者。过去，HR 的工作重心在日常人事管理方面，包括员工招聘、办理员工入职离职、组织员工培训、员工考勤与绩效考核、发放工资等，更偏重行政管理者、员工协助者这两类角色。

进入数字化时代，HR 的工作重心有所转移，从日常人事管理转向人才管理，利用大数据、AI 等技术对各类人事数据进行分析，为企业决策提供支持与辅助，逐渐向 HRBP（Human Resources Business Partner，人力资源业务合作伙伴）的角色转变，成为企业的策略伙伴和变革驱动者。

当然，HR 的数字化变革不仅会对企业发展产生积极影响，也为 HR 工作的开展带来了很多好处，让 HR 减少了在"重复又非增值"工作上投入的时间与精力，将更多时间投放到能够创造更高价值的工作中，从而提高工作效率，增加工作产出，使个人价值与部门价值得以大幅提升。

以招聘为例，在传统的招聘模式下，招聘人员在收到用人部门的用人需求后，需要拟写岗位任职资格以及其他的招聘要求，选择合适的招聘网站进行投放，然后收集简历，对简历进行筛选，与候选人取得初步联系，协同用人部门完成笔试和面试，最终选拔出合适的人才。这些工作虽然简单，但是需要招聘人员投入大量时间与精力。

在完成数字化转型之后，招聘人员可以利用人工智能筛选简历，对候选人与岗位的匹配度进行评估，筛选出合格的候选人并进行排序；还可以利用大数据等技术记录招聘流程，包括面试过程、面试官评估意见等，并对这些信息进行处理分析，找出招聘过程中可能存在的问题，并进行改进，以保障后续的招聘效果。人工智能、大数据等技术在招聘环节的应用，可以极大地提高招聘效率，排除人为偏差，招聘到最适合岗位的员工。

除了简化工作流程，提高工作效率之外，HR 数字化还能充分挖掘人才价值，辅助企业科学决策。

在挖掘人才价值方面，企业可以利用大数据、云计算、AI 等技术打造一体化的人才管理平台，贯穿人才培训、绩效管理、人才发展等模块，主动了解员工的学习需求，自动向员工推送学习内容，规划培训课程，了解员工的学习进度，将员工的课程完成情况与考核成绩挂钩，激发员工学习的积极性，通过自主学习、集中培训等方式不断促进人才发展，充分释放人才的价值与潜力。

辅助企业决策是 HR 角色转变的重要体现。借助数字化的管理工具，HR 可以从烦琐的基础性事务中解脱出来，获得深度思考的能力，有充足的时间和精力收集、处理数据，从海量数据中提取有价值的信息，利用数据辅助管理者做出科学决策，成为企业重要的战略伙伴。

虽然很多企业已经认识到 HR 数字化转型的重要意义，也开始推进 HR 数字化转型，但效果不太理想。因为 HR 的数字化转型不是引入数字化工具那么简单，它涉及思维的转变、业务架构的调整以及与企业数字化发展战略的配合等。如何利用数字技术重塑 HR 职能与业务架构？如何运用数字化思维创新 HR 管理模式、赋能组织与员工？如何借助新技术优化业务流程、提升整体效能？企业如何制定与数字化转型战略相匹配的人力资源管理政策？这些都是 HR 数字化转型需要思考的问题。

本书脉络清晰、内容丰富，针对 HR 管理各业务模块的数字化转型提出了行之有效的实战策略，例如数字化人力资源分析、数字化人才招聘、数字化薪酬福利管理、数字化绩效考核、数字化企业培训等，向读者揭示了数字化时代企业 HR 职能架构与业务流程的变革重塑，而且注重理论与实践相结合，立足于数字化浪潮下企业 HR 管理的变革与趋势，对百度、阿里巴巴、腾讯、华为、惠普、沃尔玛、思科、用友等数十家领先企业的 HR 数字化建设进行了细致分析，总结其数字化转型的成功实践经验，具有极强的参考与借鉴价值，适合所有企业管理者以及 HR 阅读，还适合高校工商管理、人力资源管理专业的教师、学生学习参考。

著者

目录

第二部分　实践路径篇

第三部分 HRTech 应用篇

第四部分　业务场景篇

第一部分

数字化 HR 篇

第一章
数字化时代的 HR 管理变革

一场技术与人才的变革

当前我们面临数字化时代，数字化转型是适应时代发展的管理技术变革，也是企业经营管理工作中的重点内容。企业的数字化转型既要利用 5G、大数据、云计算、区块链、人工智能等数字技术来实现数字化管理，提高运营效率和经营效益，也要通过业务流程重组等方式优化配置企业内的技术、人才、资金等资源，进一步增强企业的核心竞争力，并通过创新数字场景和实现价值增值促进企业发展。

2022 年 2 月，国际数据公司（International Data Corporation，IDC）发布《IDC Future Scape：全球数字化转型 2022 年预测》报告指出，2022 年，我国以数字化为基础或受数字化影响的经济将会多于 50%；2023 年，我国 80% 的企业会优先投资数字化工具，有 1/3 的公司会有超过 30% 的收入来自数字化。由此可见，推动数字化转型是企业当前发展的重中之重。

1. HR 数字化的概念与演变

探究 HR 数字化，我们首先要明确什么是人力资源管理，人力资源管理是指依据企业的人力资源政策进行的员工招聘、选拔、培训活动，以及相应的绩效、薪酬、员工关系、员工流动等方面的各项管理活动，依据企业的发展现状及未来趋势，落实人力资源战略，有序组织、控制和协调员工活动，实现组织目标，推进企业发展。

数字化 HR 是指企业利用数字化的技术和工具创新人力资源管理模式，促进发展理念、操作工具、业务流程、运营管理方式的优化升级，从而提高管理效能、整体价值和企业竞争力。将数字技术应用于组织活动中，能够实现控制、合作、协调模式的重塑与升级，提升组织管理效率，同时能够根据互动关系网络，重新界定人力资源管理对象的含义。

人力资源信息化管理的发展历程可以细分为以下几个阶段，如图 1-1 所示。

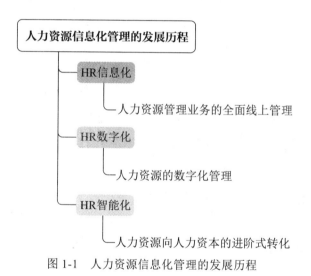

图 1-1 人力资源信息化管理的发展历程

（1）HR 信息化

创建线上人力资源管理系统，将 HR 业务悉数纳入，实现 HR 业务的全面线上管理，省去了文件流转等不必要的环节，节省时间与成本的同时，提升组织运行效率。HR 业务包括招聘、面试、考勤、调岗、员工入职离职等。

（2）HR 数字化

信息化完成后，企业将数字技术应用于人力资源管理的全部业务流程中，包括人才管理、绩效管理、组织管理、员工培训、员工服务等，通过数字化技术实现各业务流程的连接与交互，同时与内部各数据库系统进行对接，包括行政管理系统、OA（办公自动化）系统、财务系统等，结合人才盘点与岗位评估等业务，创建岗位胜任力标准，强化员工与岗位的匹配度，提升员工工作效率与体验，从而实现人力资源的数字化管理，进而推动企业的数字化转型。

（3）HR 智能化

在经过信息化与数字化阶段之后，企业借助物联网等技术实现内部数据库间的互联互通，通过数据共享与协同分析，释放数据的深层价值，优化职业胜任力标准，从多个维度评判员工的工作能力与专业水平等，进一步提升人岗匹配度，同时注重人才的智能储备与管理，实现人力资源向人力资本的进阶式转化。

现阶段，很多大型企业的数字化转型已取得重大进展，在人力资源管理方面已实现全流程信息化与人员信息数字化，并开启智慧化管理的探索，比如华为公司、平安集团等。其中，平安集团的智慧人事系统还能借助 AI 技术对海量 HR 数据进行整合分析，并根据结果制定或优化企业的经营决策。

2. 驱动企业数字化转型的关键

企业在推进数字化转型工作时，要基于自身的技术储备、发展水平、战略目标等实际情况为各项功能和业务分别设计合适的转型模式和转型路径。在企业发展所需的各项要素中，人力资源要素是助力企业成长，提升企业竞争力的关键要素。

实施人力资源管理数字化转型是大势所趋，也是企业全面革新发展战略、人才结构、组织架构、人员职能等要素的必经之路，有助于企业打牢数字化转型基础，在激烈的市场竞争中获取更大的竞争优势。

2021 年 1 月，北森人才管理研究院在调研六百余家企业后发布《数字化人才管理从现在到未来——2021 中国人力资源管理年度观察报告》。该报告指出，我国有 19% 的企业表示正在实施人力资源管理数字化转型，有 70.6% 的企业已确定人力资源管理数字化转型计划，但只有 3.2% 的企业认为自己已有成功实践。当越来越多的企业加入数字化转型的队伍，人力资源管理模式将会出现翻天覆地的变化。

随着现代化的信息和通信技术在人力资源管理领域的应用日益广泛和深入，企业的管理和运营将出现重大变化，将有越来越多的企业投身人力资源管理数字化转型。

然而，人力资源管理数字化转型并非一项一蹴而就的工作，在实际操作中可能会出现各种问题导致数字化转型难以顺利推进，或在转型范围、转型规模、转型深度上无法实现预期目标。因此，企业在推进人力资源数字化转型时，要以充分的准备面对数字化转型带来的挑战，并利用数字技术为企业人力资源管理持续赋能，让企业持续保持竞争优势。

HR 数字化转型的内在逻辑

人力资源管理在企业发展中的地位不容小觑，前期精准分析企业人力资源需求，中期制订人才招募与培训计划，适量引进人才并匹配完整的培训为团队赋能，后期组织人才参与企业业务流程的优化与升级，发挥人力资源的最大价值，同时设计相应的薪酬奖金等予以鼓励，推动人力资源管理的良性循环。

数字化技术的持续发展，驱使着我国经济社会加快数字化转型的步伐，企业顺应时代发展潮流，纷纷开展数字化管理，作为企业管理的重要模块，人力资源管理也在逐渐走向数字化管理模式。从人力资源管理的角度推进数字化转型，企业更关心的是在数字化过程中取得的成就及未来发展前景，企业推进传统人力资源管理向数字化人力资源管理转变，将会是一个持续优化、创新迭代的过程。

数字时代为企业管理带来了一系列先进技术手段及新一代管理平台，企业依托大数据、云计算等技术将人力资源管理业务进行创新升级，推进智能化与流程化的企业管理模式。比如，优化 HR 管理模式、促进管理层决策数字化升级、提升员工满意度、建设多样化企业组织等，打破传统人力资源管理模式的限制，从人力维度推进业务成功。

1. 经济环境：顺应数字化变革的时代潮流

国内经济由高速发展转向高质量发展，企业发展环境中机遇与挑战并存，这就要求企业推行更智能、更灵活的人力资源管理模式，提升人力资源管理者的素质和能力，做出科学的管理决策，灵活应对日新月异的新时代带来的各类挑战，以适应时代发展。

面对复杂多变的经济环境，企业实现人力资源管理数字化成为企业的最优选择，将数字化赋能于人才招募与培训、人力资源配置、员工绩效考核管理等环节，对一些低效资源进行优化升级甚至取代处理，推行顺应时代潮流的人力资源管理模式。比如，利用人力资源数字化工具，通过数据的处理与分析，可以更深入地了解员工个体，更恰当地安排培训或调整岗位，促进内部人员灵活流通，发挥每个岗位及人员的最大价值。

2. 人才流动：企业亟须提升 HR 管理效率

随着经济社会的快速发展，新一代年轻人逐渐打破固有思维，追求工作与生活之间的平衡，离职现象在现在职场中屡见不鲜，人才流动性大幅提升，在人才密集的一线、二线城市中这一现象尤为明显。因此企业及人力资源管理者都需要重新审视人才存留问题。

在数字化时代，数据成为企业和人力资源管理者在新时代的"感官系统"，帮助管理者精确掌握员工的工作效率、工作完成度及工作积极性等，以进行员工绩效管理，同时利用数字化技术分析员工技能及知识储备，进行适宜的人才培训，从整体上提升人力资源管理效率。

3. 成本上升：驱动企业 HR 管理降本增效

国家统计局数据显示，适龄工作人员总体数量缩减，员工工资水平提升，这就意味着企业人力资源成本不断上升。为实现企业可持续发展，企业及人力资源管理者不得不平衡业务与成本，制定科学合理的人力资源管理策略，实现降本增效。

数字化管理能够有效解决这一难题，利用数字化技术分析和预测企业发展方向及人才需求，包括人才类别与人才数量，通过智能运算输出最适宜的人才招募计划，不仅可以为企业的管理层提供决策依据，也可以降低人力资源管理者的工作强度与难度，而且能有效减少人力资源管理成本，大幅提升工作成效。

数字化 HR 的关键要素

数字化 HR 是综合运用数字人才、数字工具、数字管理、数字场景等多项基本要素实现人力资源管理的全面升级，如图 1-2 所示。这既有发展思维和管理逻辑上的转变，也包括运作方式、业务形态、管理模式的创新和组织结构的重新规划、业务的转型升级，还需根据企业自身的发展特征创建特色的数字化生态体系，支撑企业优化整体运营管理。

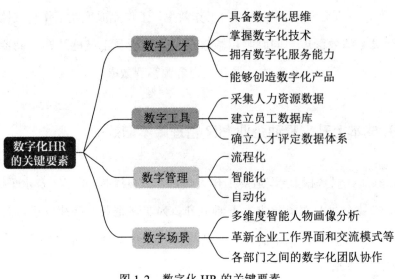

图 1-2 数字化 HR 的关键要素

1. 数字人才

企业是否有具备数字化思维、掌握数字化技术、拥有数字化服务能力和创造数字化产品能力的数字人才是企业能否顺利实现人力资源管理数字化转型的关键要素之一。这种数字人才不但能像普通员工一样胜任人力资源管理工作，还具备成熟的云计算、数据采集、大数据分析、数字化程序设计、数字化编程等诸多数字化能力，能合理利用多种数字技术和工具赋能企业人力资源管理。

不仅如此，这类数字人才还具备借助数字技术或数据平台与企业各部门、合作方、客户等多方进行交流的能力，能提供人力资源方面的多种解决方案，将相关问题处理得井井有条。

重塑员工团队，培养和吸纳数字素养高的数字化专业人才是人力资源管理数字化转型的重中之重，数字人才能以企业内外部环境的实时变化和走向为依据，利用自身的人力资源管理能力、数字化技术和数字化思维高效完成人力资源管理相关业务，并促进业务的优化和革新，既能实现以数字化的方式呈现工作内容、员工行为、岗位活动等信息，也能利用程序促进人力资源管理活动走向流程化、标准化、精细化。

2. 数字工具

数字工具是人力资源管理数字化转型的核心和基础，能够在数据、信息、技术、平台等多个方面支持人力资源管理走向数字化和智能化。5G、互联网、大数据、物联网、云计算等新兴技术的飞速进步为人力资源管理的运作和发展带来了新的契机，进行人力资源管理数字化转型的企业迫切需要思考并解决如何借助数字工具实现大数据的采集、挖掘、整合、利用等问题。

数字工具可以有效优化人力资源管理活动的操作手段、工作流程、业务活动，以远程办公系统为例，该系统能让人力资源管理不再受时间、空间的限制，员工可以在线上处理事务，打破时空的约束，确保各项工作高效有序推进，极大地提升了员工的工作效率和办公体验。

为了让企业的人力资源管理活动更加高效地进行，一些科技公司有针对性地研发出社保云、红海云等各种用于人力资源管理业务的操作性数字工具，这些数字工具实现了采集人力资源数据、建立员工数据库、确立人才评定数据体系等人力资源管理流程中的一系列环节，作用于人才选、用、育、评、留的每个环节。

3. 数字管理

人力资源管理的模式、内容、流程等都会随着数字时代科技的进步而不断革新，数字时代的企业更加重视大数据、人工智能等数据处理技术在人力资源管理方面的融合应用，常借助科技的力量采集、分析数据并为数据增值，数字技术加速了人力资源管理模式的创新发展，让人力资源管理走向流程化、智能化、自动化。

人力资源数字化管理的基本流程大致如表 1-1 所示。

表 1-1　人力资源数字化管理的基本流程

基本流程	具体内容
流程 1	搭建数字化网络平台，确立具备高度程序化、自动化特性的人力资源管理模式，在企业内塑造人力资源管理数字化闭环，并将其纳入企业数字化转型战略中
流程 2	借助人力资源管理的数字化升级来提高对相关数据应用管理的精细度，创建数字化系统服务于企业的发展
流程 3	实现人才招聘、员工薪酬管理、人才培育、员工考评、员工职业发展等相关业务的数字化，并深度采集有用的数字信息构建数据库
流程 4	参照真实的员工生成与之对应的数字孪生员工，借助数字技术对员工的工作情况进行深入分析，从而精准预测员工的工作绩效，为企业发展提供强有力的人才支撑，提高企业各项活动的完成效率，进一步创新控制、协调、合作模式

4. 数字场景

　　人力资源管理数字化转型最后将表现为借助数字场景更加清晰直接地呈现人力资源管理活动，这可以大大提高各部门的协同工作效率，帮助企业决策者实现科学有效决策。数字场景是基于企业内外部的人力资源数据，开发用于监测分析的人力资源运营管理模式，它能及时发现和预测企业人力资源管理中的问题，提高人岗匹配度，有效防止劳动力资源错配。

　　人力资源数字化转型需要打造全新的数字化人力资源生态系统，将人力资源管理的全部场景升级为数字场景。数字场景具备对员工进行多维度智能人物画像分析的功能，可帮助企业及时掌握员工目前的行为、情绪、态度、供给等情况，还具备革新企业工作界面和交流模式等方面的功能，可针对组织或个人定制能兼顾智能化与人性化的人力资源服务产品。企业也会借助数字化的平台、应用和服务来实现各部门之间的数字化团队协作，从而优化员工的工作体验，助力业务高效发展。

目前，一些企业已逐步将人事全流程管理、员工自助 App 等智能化、自动化的数字工具引入企业人力资源管理系统当中，并积极进行数字化转型下的自助服务、个性激励、智能招聘、离职分析、智慧教学、员工选用育留等多方面的研究。

总而言之，我国目前正处于企业人力资源管理数字化转型的初期，人力资源数字化是未来的趋势，有着极大的发展空间和潜力，也是企业未来持续发展的关键。企业要将 5G、大数据、云计算、人工智能等数字技术全面深度融入人力资源管理的每个场景，全面推进人力资源管理数字化转型，通过对战略、结构、职能、流程等进行全方位的规划促进人岗匹配、企业运营和日常事务等多个方面的优化完善，创新数字化的人才管理模式和场景，紧跟技术的进步和时代的潮流，不断更新数字化系统，加速数字化转型进程，从而在竞争日益激烈的市场中取得竞争优势。

HR 数字化转型的误区

对企业来说，人力资源管理数字化转型将会是一场持久战，转型过程中将会出现各种各样的问题和挑战。大部分企业都充分了解到人力资源管理数字化转型能对企业发展起到非常关键的作用，但目前仍旧有能力欠缺"不会转"、资金不足"不能转"、风险较大"不敢转"、计划混乱"随意转"等诸多问题。

倘若这些问题没有引起足够的重视，也没有被妥善解决，那么这些问题带来的麻烦将会在企业未来的发展中逐渐显现出来，最终影响企业未来的持续发展。HR 数字化转型的误区具体如图 1-3 所示。

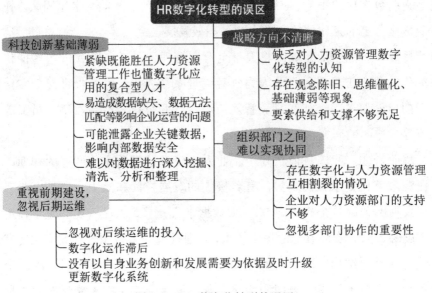

图 1-3　HR 数字化转型的误区

1. 战略方向不清晰

企业面临"不会转"的问题主要是因为企业的管理层、决策层、员工等内部人员缺乏对数字化转型的了解，没有做到转型战略明确、统一，所以企业的人力资源数字化转型难以落地。问题主要集中在以下几个方面。

① 部分企业缺乏对人力资源管理数字化转型的认知，具体表现为只在信息化或 IT 系统方面进行改进，往往用直接购买专业化软件系统的方式获取完善人力资源管理的信息工具，并将一些传统线下业务转移到线上。

② 部分企业存在观念陈旧、思维僵化、基础薄弱等现象，因此无法适应数字化发展模式，或找不到适用于自身转型的切入点，进而缺乏清晰的应用方向，难以充分发挥数字化转型的作用。

③ 部分企业的数字化转型仅局限于人力资源管理一方面，没有积极联系起相关联的各个方面，造成要素供给和支撑不够充足，具体体现在数字化转型的实施与企业的战略规划、组织文化等各个方面之间联系不够紧密，导致数字化转型工作难以推进，也无法发挥综合效用。

2. 科技创新基础薄弱

企业存在"不能转"的局面主要是因为企业缺乏牢固的科技基础、充足的技术知识储备和雄厚的资金，当企业对变革活动难以形成整体主导时，极易产生开局就打退堂鼓的情况。问题主要表现在以下几个方面。

① 虽然企业内已有大量能胜任人力资源管理工作的员工，但却紧缺既能胜任人力资源管理工作也懂数字化应用的复合型人才，由于企业的大部分人员不具备利用数字化工具进行人力资源管理的能力，因此企业难以实施数字化程度更深的人力资源管理活动。

② 数字化转型时需要将原有系统中的历史数据重新导入到新系统中，由于数据导入有巨大的工作量，过程中极易造成数据缺失、数据无法匹配等影响企业运营的问题。

③ 如果企业数字化转型时使用的软件系统是从企业外部购买来的，那么企业相关数据将被上传到云平台中，有极大可能会泄露企业员工的薪酬、背景、级别以及整体人员结构等关键数据，影响内部数据安全。

④ 数字化转型后的数据会大量增加，技术能力不足的企业将难以对这些数据进行深入挖掘、清洗、分析和整理，也就无法提升并充分发挥出数字化转型后数据的价值。

3. 组织部门之间难以实现协同

企业出现"不敢转"的情况主要是因为人力资源管理数字化转型工作触及范围广、联动影响大，数字化转型牵涉到企业的资金、人员、组织结构、管理模式、业务流程等各个方面，即便在极小的方面出现纰漏，也会对其他各方面产生影响，最终给企业带来一定的损失和风险，因此许多企业还踌躇不前。主要有以下几种情况。

① 人力资源管理数字化转型需要企业各部门协同工作，但大多数企业往往只由技术部门承担主要工作，存在数字化与人力资源管理互相割裂的

情况，从而产生许多问题。

② 由于人力资源部门的工作内容主要集中在行政和员工日常管理等方面，部分思想较为传统的企业认为其不能为企业直接创造价值并只将其当作成本中心，因此人力资源部门往往缺少企业的支持，要借助其他业务部门的力量进行数字化转型。

③ 人力资源管理数字化转型与企业整体人力资源战略适配有助于企业优化整合人力资源，促进企业革新，但大多数企业往往会忽视多部门协作的重要性，也不注重人力资源系统与其他业务系统的集成。

4. 重视前期建设，忽视后期运维

许多企业有"随意转"的问题主要是因为这部分企业对数字化的认知程度、所具备的资源要素等条件不足以支撑数字化转型持续进化，缺乏技术、资金、人员等要素的支持，难以保证系统和工具运行的稳定性。具体问题如下。

① 部分企业只把数字化转型的前期作为重点投入时期，却忽视了对后续运维的投入，把积极购买或自建的用于企业目前发展的软件系统当作工具，却没有进行充分的运用和设想，让整个数字化转型过程变得"虎头蛇尾"。

② 企业只创建数字化系统，没有跟上后期运维与升级，导致数字化运作滞后。因此企业要积极与外界市场、科技企业合作，不断升级系统以达到更好的数字化效果。

③ 数字技术的发展非常迅猛，但部分企业的人力资源部门单纯运用数字技术，没有以自身业务创新和发展需要为依据及时升级更新数字化系统，导致数字化系统在人力资源管理上无法提供持续的支撑，出现后续乏力现象。

后疫情时代的 HR 认知重塑

受新冠疫情的影响，我国各行各业的发展速度都被迫减缓，有的行业甚至停滞不前。在这个紧要关头，数字化为经济复苏带来了希望，也成为社会发展的必然选择。

对人力资源行业而言，数字化不仅仅是一个跟随潮流的选择，更是行业生存与发展的"助推器"。人员隔离、限流等疫情防控措施曾给人力资源行业带来了巨大限制，线下的招聘、面试、办公等业务一度无法开展，传统人力资源管理模式几近瓦解。数字化为人力资源行业带来了新的生机，线上招聘、视频面试、远程办公、在线协同等数字化业务既能响应疫情防控政策，又能促进人力资源管理的数字化转型。

1. 疫情给 HR 管理带来的启示

在后疫情时代，人力资源行业意识到传统组织模式的缺陷，突如其来的变动可能会击垮整个行业。因此，人力资源管理思路也产生了一些变革。

（1）谨防组织演变成"灰犀牛"

"灰犀牛"是一个金融术语，指的是经常被提示却没有得到充分重视的大概率风险事件，这类事件一旦发生，便会引发重大事故。在人力资源管理中，传统组织模式也会存在许多看似无关痛痒却具有较大影响力的问题，这些问题因没有带来实质性损害而常常被忽略，而疫情的到来使这些问题全部暴发出来，造成巨大的损失。因此，时刻注意组织的细节问题并进行灵活处理，防止组织变成"灰犀牛"，对人力资源管理极为重要。

（2）数字化管理是必备的能力

人力资源行业的数字化管理有两层含义：一是技术的数字化发展与智慧化应用，二是数据的信息化采集。疫情期间，有些企业在复工过程中，在处理防疫工作时表现出来较弱的数字化能力，比如在健康码或体温统计工作中需要借助微信或 Excel 来逐一录入，不仅效率低下，且数据不精准、不及时等问题严重，导致数据价值得不到有效发挥，也没有从根源上实现数字化管理。

而另一些数字化能力较强的企业，能够灵活应用数字化工具实现人力资源的数字化管理，也正因为这样，这些企业才得以在疫情中几乎完整地生存下来，数字化能力因此被视为企业抵御风险、夹缝求生的"铠甲"。数字化能力具体表现在市场认知的能力、系统重塑的能力、系统建设的能力以及持续改进的能力等方面。数字化能力的提升并非简单地在老流程中加入新设备、新技术，而是能够从思维上重构，从模式上重塑。

（3）回归对人的关注

"员工是企业的第一生产力。"近几年，企业的人力资源部门逐渐注重员工体验与员工关怀，疫情更是警醒企业应当将员工放在首位，员工管理范围也应当从业务工作、薪酬绩效等方面扩大到员工身体、心理健康等领域。

比如，面对突发事件，企业应当有能力做到实时收集员工信息并与员工保持顺畅沟通；再比如员工出现心理疾病，企业应当及时察觉并予以关怀等。这样才能做到全方位关怀员工，提升员工体验，增强员工凝聚力，提升企业竞争力。

2. 后疫情时代的 HR 价值回归

全球新冠疫情的暴发将企业组织的问题暴露出来，而企业要生存和发展就必须进行组织变革，人力资源部门应当抓住机遇，从企业战略全局出发，主动推进组织系统性变革，推动人力资源管理的价值重塑。

（1）与业务变革融为一体

人力资源部门作为企业最重要的管理部门之一，应当主动承担起引领和推动企业组织变革的责任。当前，企业数字化变革已成为企业发展的主流趋势，这就意味着企业要全方位进行业务变革，包括战略调整、产品创新等，而这必须要与人力资源变革融为一体，也就是企业需要重新部署内部组织，优化人才团队，实现组织资源的优化配置，当然，这离不开 HR 的参与和引导。

（2）提升"数据决策力"

现阶段，企业各部门的"数据决策力"尚有待提升。对人力资源部门而言，其拥有海量的数据，比如员工绩效、薪酬、考勤、入离职率、人才架构等，而本部门数据决策力较弱的原因是数据价值难以充分释放，无法实现数据的高效利用。因此 HR 部门需积极利用数字化技术创建 HR 数字化运营平台，围绕企业的核心战略，发挥数据的深层价值，实现数据支撑企业决策。

（3）人才资本储备管理

疫情让企业注意到人才储备的重要性，同时也为企业筛选出一批真才实干、心系企业的员工，这对企业来讲是一笔不可多得的资本。HR 应当积极应用数字化手段实现人才资本的系统化、数字化、智能化管理，同时提升员工服务水平，增强员工体验，从而进一步扩大人才资本储备。

（4）从降本增效到创造营收

企业经营的最终目的是创造营收，而客户则是企业营收的主要来源。在后疫情时代，人力资源部门应当深入探索、努力挖掘自身在创造营收方面的价值，这就需要利用好客户资源。一方面，HR 部门应当开展员工培训，提升员工服务客户的能力与效率，增强客户黏性；另一方面，通过数字化途径甄别员工核心能力，同时结合客户需求积极探索新业务，努力研发新产品，以拓宽市场，扩大客户规模，从而为企业创造营收。

第二章
HR 数字化转型的模式选择

HR 数字化转型的终极目标

企业进行人力资源管理数字化转型是为了借助数字技术的优势更好地处理人力资源管理中遇到的各种问题。人力资源管理数字化转型基于数据革新了人力资源管理的流程和业务场景，让企业内外部实现进一步的互联互通，有助于企业的持续创新和发展。总的来说，企业 HR 数字化转型的终极目标应该包括思维、能力、体系、人才、业务五个层面的变革，具体如图 2-1 所示。

值得一提的是，企业只有在遵循基本逻辑的前提下进行人力资源管理数字化转型，才可能达到预期效果，反之则会给企业带来风险，产生高额成本支出，无法实现转型目标。

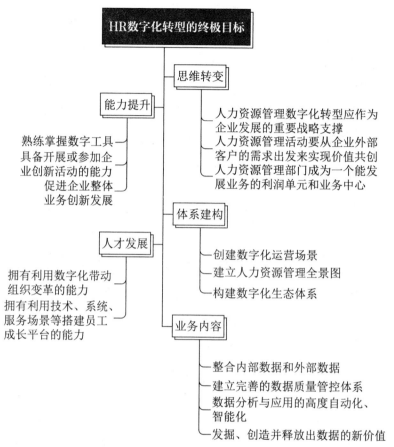

图 2-1　HR 数字化转型的终极目标

1. 思维转变：从内部服务转向市场竞争

数字时代的企业要将人力资源管理数字化转型作为企业发展的重要战略支撑。但在部分企业目前的认知层次中，转型的侧重点往往只在企业内部的功能和服务上，企业通常会基于大数据构建贯穿"选、用、育、留、评、酬"全周期的数字化人力资源管理体系，进一步提升人力资源管理全周期的内生动力和员工的归属感、认同感、价值感和责任感等。

不仅如此，人力资源管理活动还要从企业外部客户的需求出发来实现价值共创。以合作企业为例，企业可基于双方创建的信息交换界面弱化组织边界，从而实现跨组织边界的业务，利用由数字人才组成的业务团队帮助客户提升价值。

企业进行人力资源管理数字化转型后，人力资源管理部门将成为一个能发展业务的利润单元和业务中心，而不仅仅是传统意义上的成本中心。因此，人力资源管理部门的主要工作场景从原本企业内部变为外部市场，要积极参与市场竞争，增强企业的市场竞争力。

2. 能力提升：从工具运用转向系统创新

当今世界，数字技术日新月异，企业必须不断提高自身能力应对外部环境变化，增强核心竞争力，进而长期维持市场竞争优势。

对企业而言，人力资源管理数字化转型之初要做的只是借助数字技术、数字工具等提高自身的人力资源管理能力。但持续发展一段时间后，企业的人力资源管理人员还要学习大量优秀的管理理念和数字化技术，提高自身的人力资源管理能力和数字技术应用能力，以便更好地理解、运用、分析数据，能灵活运用各种数据工具软件深入挖掘员工数据，发现其中价值，实现人才、平台数据统一综合管理，为企业持续发展提供支持。

数字化的人力资源管理要求管理人员既要能熟练掌握数字工具，助力企业内的革新，也要具备开展或参加企业创新活动的能力。例如，在企业的业务活动中构建数字场景，从而分析和预测员工效能。除此之外，人力资源管理部门的创新要从部分环节扩大到全业务流程，全力向推动组织系统变革的部门转变，促进企业整体业务创新发展。

3. 体系建构：从管理平台转向生态体系

人力资源管理数字化转型是随着信息技术的发展和企业战略方向的变化不断适应和革新的。当人力资源管理实现信息化、数字化变革时，管理工具也将不断迭代，由最初的 Excel 工具变为单机版 HR 软件，再继续升级为 e-HR 系统和 HR SaaS（SaaS 是 Software as a Service 的缩写，意为软件即服务，指的是通过网络提供软件服务）。

数字化转型初级阶段的人力资源管理转型工作主要集中在管理平台的建设上，格外注重流程优化、结构重组以及业务系统的搭建与管理，采集、存储、联通各个部门的人力资源相关业务信息资源，以共享的方式充分发挥信息价值。

随着数字化转型的持续发展，企业必须要将利用数字技术、数字工具大量采集人力资源活动数据和发挥云计算、移动平台的作用创建数字化运营场景提上日程，并以此为基础建立涵盖诸多应用模块和员工、直线经理、管理高层等各个岗位、人员的人力资源管理全景图。

数字时代的人力资源管理从传统的运用特定工具、技能转向构建数字化生态体系，形成贯穿企业战略、组织结构、业务管理等全层面、全周期、数字化的全新思维、技术、工具和手段，进而创新企业发展模式和业务形态，优化员工体验，激励员工创新，获取更高的经营效益。

4. 人才发展：从技术运用转向引领创新

数字人才是人力资源管理数字化转型的关键，在企业数字化转型中起到引领作用，能利用自身的专业技术促进数字技术创新，加速数字化改造。企业是否拥有足量的高质量数字化人才关系到企业的人力资源管理数字化转型能否顺利实施。

人力资源管理数字化转型初级阶段的工作重点是深入融合企业内的人才团队建设与数字技术，促进招聘、选拔、激励、评价、培训、学习、劳动关系管理等人力资源管理活动的创新，挖掘人力资源信息建立数据库，充分利用各类人力资源数据报表，精准匹配人才，实现灵活用工。

随着数字化转型的持续发展，推动企业数字化转型的人力资源管理人员将成为引领整个业务不断创新进步的关键人员。因此，企业的人力资源管理人员不但要具备数字人才队伍建设的顶层设计能力、数字人才培育体系的创建能力、人才评价和激励机制的创新能力，还要强化提升数字化思维，拥有利用数字化带动组织变革的能力和利用技术、系统、服务场景等搭建员工成长平台的能力，从制度和资源两个层面支撑企业数字化人才队伍的培育和应用。

5. 业务内容：从数据收集到价值创造

人力资源管理数字化转型的重要基础是数据的高效采集、应用、增值、创新和管理优化等，借助战略、组织、业务等方面的系统性革新强化数据链综合价值创造。

人力资源管理数字化转型初级阶段要以数据链打通业务链、管理链，将数据作为人力资源管理的核心要素贯穿整个范围和流程，深挖各类数据要素的内在价值，让数据要素切实转化为数据生产力。

随着数字化转型的不断推进，要持续探索和创造数据的内在价值，在人力资源管理方面，企业要做到以下几点。

① 强化企业内部的数据积累和企业外部的数据采集，并实现内部数据和外部数据的整合。

② 利用加工和清洗等手段处理各阶段的数据，除去无价值、低质量的数据，留下高价值、高质量的数据，利用数字技术进行数据治理，从而不断发现数据问题，建立完善的数据质量管控体系，改善数据质量。

③ 运用商业智能（Business Intelligence，BI）、人工智能等技术手段深入挖掘数据价值，实现数据分析与应用的高度自动化、智能化，进而做到精准高效决策。

④ 以数据链为基础优化业务流程管理，创新数据服务与应用场景，进而发掘、创造并释放出数据的新价值。

HR数字化转型的前提条件

随着时代的发展和数字技术的进步，企业人力资源管理数字化转型几乎已成为未来发展的必然趋势，但由于部分企业目前并不具备充分的转型条件，盲目推进人力资源管理数字化反而会弄巧成拙，容易出现员工培训满意度和工作积极性降低、离职率升高等不利情况。因此，企业只有确保自身已具备以下几项数字化转型条件，才能实施数字化人力资源管理，如图 2-2 所示。

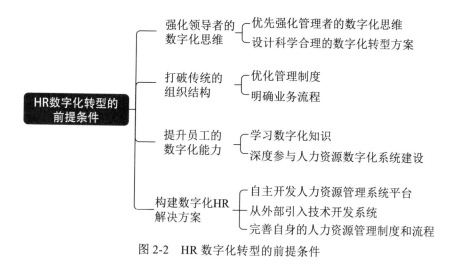

图 2-2　HR 数字化转型的前提条件

1. 强化领导者的数字化思维

在数字经济时代，企业的人力资源管理者是否拥有数字化思维影响着企业人力资源管理决策的科学性和合理性，具备数字化思维的人力资源管理者能够利用数字化技术和数字化应用为管理决策赋能，在决策层面支撑企业人力资源管理。

由于企业的管理者并不会长期固定，因此即便制定出有利于企业发展的战略决策，也很难持续贯彻落实。针对这种情况，企业在推进人力资源管理数字化转型时需要优先强化管理者的数字化思维，并将系统建设成本和管理维护成本等支出考虑在内，设计科学合理的数字化转型方案，确保数字化转型方案能够落地实施。

2. 打破传统的组织结构

企业人力资源数字化转型应与业务和财务的革新相结合，持续推进系统化管理，并建立数据驱动的全流程管理闭环。

虽然目前人力资源管理领域已经有大量数字化革新经验和数字化应用，但企业的人力资源数字化转型并不能直接照搬其他企业的转型方式或直接应用市场中的标准化产品，而是要根据自身的管控模式、组织文化和发展现状找到适合自己的发展模式。

因此，企业在推进人力资源管理数字化的过程中，参考头部企业的数字化转型实践经验只能起到辅助作用，更为重要的是针对自身的人力资源管理现状，不断优化管理制度，明确业务流程，并设计适用于自身的数字化转型方案。企业在进行人力资源管理数字化转型之前的组织结构是根据职能来划分的，各个岗位之间缺乏联系，对企业人力资源数字化进程形成了阻碍。

3. 提升员工的数字化能力

企业推进人力资源管理数字化不仅要求管理者具备数字化思维，员工也要及时革新思维，提高自身专业技能，积极适应环境变化。这要求员工不断积累数字化经验，深入了解业务和行业，并强化自身的学习能力和适应能力。

人力资源数字化会将企业的各个业务环节转移到线上，因此企业需要弥补当前管理制度中存在的不足，并优化人力资源数字化系统，从而让系统辅助人力资源管理人员进行决策。由此可见，数字化的人力资源管理离不开人际互动，这要求员工具备数字化交流能力。具体来说，员工要不断学习数字化知识，提升自身数字化技能水平，深度参与人力资源数字化系统建设，并完善管理环节、人员权限、审批流程等各个方面的制度。

4. 构建数字化 HR 解决方案

e-HR、HR SaaS 系统等多种人力资源数字化解决方案都能够为企业的人力资源管理提供干部管理、薪资福利管理、培训开发管理、员工事务管理、绩效考核管理、组织架构规划等多种服务。

一般来说，科技公司和大型金融机构等具有完备的信息技术团队的组织会利用自身的技术和资源自主开发人力资源管理系统平台；而缺乏实力强劲的信息技术团队和足够的开发成本的组织则需要从外部引入技术开发系统。但企业不管选择自主研发还是外部引入系统，都需要完善自身的人力资源管理制度和流程。因此，企业首先要做的就是对当前的管理情况进行准确分析，并提前确立建设目标、制订转型计划、预测成本投入，从而确保顺利推进人力资源"数智化"。

HR 数字化转型的三种模式

随着数字时代的到来，5G、大数据、人工智能等新一代信息通信技术的应用正呈现出指数级增长的发展趋势，而人力资源管理正是这些新兴技术落地应用的重点领域，这些新兴技术在一定程度上让企业的人力资源管理变得更加科学、精准和高效。由于各个企业的规模、行业、技术水平等方面的实际情况各不相同，因此各企业在人力资源管理数字化转型时也会根据自身当前的发展导向、技术水平、实施范围等来选取适用于自身发展的模式。

通常来说，企业人力资源数字化转型主要包括以下三种模式，如图 2-3 所示。

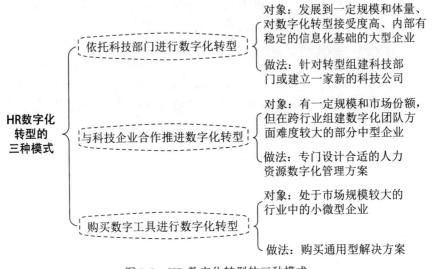

图 2-3　HR 数字化转型的三种模式

1.依托科技部门进行数字化转型

一些已经发展到一定规模和体量，对数字化转型接受度高且内部有稳定的信息化基础的大型企业往往会在科技部门的支持下实现人力资源管理数字化转型。这类企业通常采用数字化信息编码的方式革新传统人力资源业务活动，从而进一步高效管理和运营现有业务，让企业的人力资源管理实现效率和效益上的提高。

在实际操作中，大部分企业会针对转型组建科技部门或建立一家新的科技公司，但这样做有利也有弊。好处是新建的科技部门或科技公司作为内设部门更加了解自身的相关业务，既能精准把控预算，培育出企业转型和发展所需的数字人才，也能更好地推进数字化转型。弊端是企业极易出现不及时更新自身思维结构，对外部新鲜事物接受度低，从而无法大量吸取外部有用的转型经验的情况，导致企业要在转型中花费更多的时间和成本去不停地试错、修正、提升，这对数字化转型产生了一定的阻碍。

2. 与科技企业合作推进数字化转型

部分中型企业虽然已有一定规模和市场份额，但在跨行业组建数字化团队方面难度较大，因此通常会与对业务和技术都有深入认识的科技公司合作。达成合作的科技公司能根据专业的人力资源管理方法、自身掌握的经验、积累的人力资源管理高频场景解决方案以及合作企业现状专门设计合适的人力资源数字化管理方案，从而提供定制化的产品或服务。

基于企业现状定制的人力资源管理数字化转型方案，既有助于企业提升劳动力管理、人力资源服务、核心人力管理、战略人才管理等各项能力，也让企业能借助系统数据中台全面把握、科学整合、智能分析海量数据，从而更好地进行人力资源管理决策，助力人均效能和业务效率全方位提高，进而集中管理和规划企业内部人力资源。

以红海云股份公司的 e-HR 系统为例，该系统为公司制定的人力资源数字化解决方案，目标是让数字化辐射到企业人力资源管理的选、用、育、留等全部环节，实现全流程数字化管理。

3. 购买数字工具进行数字化转型

对于一些处于市场规模较大的行业中的小微型企业来说，由于自身业务规模小、市场竞争大、缺乏转型资金，因此通常会选择买进数字工具的方式来实现数字化转型。随着社会分工越来越细和小微型企业对数字工具的需求越来越大，社会中已有越来越多的专业科技服务公司把向小微型企业提供通用型解决方案纳入业务范畴，这有助于小微型企业数字化转型的顺利实施。

以金蝶、用友等大型科技公司为例，它们开发的通用型一体化解决方案，通常带有知识协作系统、人力资源管理系统、CRM（Customer Relationship Management，客户关系管理）系统等基础的管理模块，能为企业进行数字化转型节约部分成本。

除此之外，市场中也出现了越来越多专业的人力资源软件服务公司，这些公司能为企业提供社保云等专业的数字化人力资源管理工具，推动企业人力资源管理数字化转型的进程。

HR 数字化转型的实践路径

上文已经提到对处于不同成长阶段、拥有不同规模的企业而言，其 HR 数字化转型适用的模式有所不同。除此之外，不同企业的 HR 数字化转型的实践路径也有一定的差别，具体如图 2-4 所示。

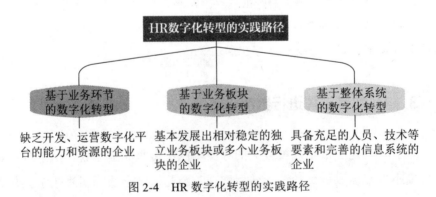

图 2-4　HR 数字化转型的实践路径

1. 基于业务环节的数字化转型

一些缺乏开发、运营数字化平台的能力和资源的企业在进行人力资源管理数字化转型时，往往会从某个业务环节入手。例如，有的企业需要管理的业务是薪酬发放、社保代缴、劳动关系管理等众多业务中的一项或几项，这需要根据自身需求与合作方、政府机构进行数据对接，从而顺利办理业务，在这种情况下，企业通常会选择购买适用的数字工具或解决方案。

例如，霖珑云科的薪社汇具备 100% 人力资源外包（Human Resources Outsourcing，HRO）线上智能订单处理和自动计薪、算薪、报税的功能，不但能清晰明了地呈现数据明细，还能为企业提供个税申报、人事外包、薪资代发、灵活用工、电子工资单、公积金代缴代办、商业保险代缴代办、属地化社保代缴代办等诸多专业化服务，并可借助 28+ 项全程质控指标全面控制和审查服务质量。

2. 基于业务板块的数字化转型

一些已基本发展出相对稳定的独立业务板块或多个业务板块的企业在进行人力资源管理数字化转型时，往往会从专业度高的业务板块入手。企业在实际操作时，通常按部就班地推进人力资源数字化转型，在转型过程中不断吸取经验并进行调整，尽可能地降低由试错产生的风险和成本，在找到合适的方案后将其重复运用到其他业务当中，最后达成企业内的全方位数字化转型的目的。

例如，焦作启日公司在进行数字化转型时选择从医养业务板块入手，为了不断增强该板块的市场竞争力，借助 HRO 系统为客户提供社保缴纳、公积金缴纳等多项服务，也大幅提升了工作效率。

3. 基于整体系统的数字化转型

一些具备充足的人员、技术等要素和完善的信息系统的企业在进行人力资源数字化转型时，往往会从组织内整体的系统变革入手。这部分企业通常从自身的整体需求出发，在企业内部开发用于人力资源管理的专业数字化平台和工具，从而搭建出一套专门的、完整的产业生态体系。

例如，北京外企人力资源服务有限公司能够通过自身的信息技术系统与外部企业或平台进行合作，搭建出一套包含人事管理、数据处理平台、人力资源咨询、人力资源外包、薪酬福利客户端和数据信息服务平台的人力资源系统性服务生态体系，实现了薪酬管理、智能招聘管理、人力资源政策查询、企业资源计划（Enterprise Resource Planning，ERP）、商务流程外包（Business Process Outsourcing，BPO）、灵活用工平台"易工宝"等多项服务一体化，全面满足企业在人力资源管理方面的需求。

百度 e-HR 3.0 系统建设与实践

早在 2010 年，百度就已经开始革新人力资源组织架构体系，丰富人力资源部门的角色，采用 HR 三支柱模式，并不断升级完善 HR 共享服务交付中心，让 HR 更好地为组织创造价值。百度基于 e-HR 系统建设一步步实现了从共享服务中心（Shared Service Center，SSC）到用户数据中心（Subscriber Data Center，SDC）的立体式升级，百度的 SDC 建设大致可分为以下三个阶段，如表 2-1 所示。

表 2-1 百度 HR 信息化建设之路

阶段	内容	侧重点	角度	HR 状态	HR 地位	业务价值
1.0 阶段	工资核算、发放	结果	静态	被动	低	小
2.0 阶段	全流程生命周期管理多维分析表	流程	动态	较主动	较高	较大
3.0 阶段	大数据助力数据与业务	价值	互动	主动	高	大

1. 百度 e-HR 系统建设的三个阶段

（1）e-HR 1.0：基础应用阶段

早在 2012 年以前，百度就建立并应用企业内部的人力资源主数据库，利用核心人力资源（Core Human Resources，Core HR）系统和薪资管理系统在数据库中记录管理组织、岗位、人事、绩效、薪资等信息，利用 SDC 完成工资核算、入离职办理等事务性、流程性的工作。

（2）e-HR 2.0：全面发展阶段

2012 ～ 2014 年，百度设立专门的 IT 项目组织与人力资源管理团队，重建 HR 系统，加快人力资源信息化转型速度，实现敏捷开发和快速迭代，推动人才"入离升降调，选育用留出"一体化发展和信息化管理。

这一阶段，百度 SDC 不仅要处理流程性、事务性的工作，还要负责管理招聘、入职、培训、学习、考核、发展等员工在企业内的全流程生命周期的数据，并利用 BIEE（Business Intelligence Enterprise Edition，指 Oracle 商业智能企业套件）报表分析系统实现多维度自助分析，从而根据报表数据分析判断企业当前的健康状态。

（3）e-HR 3.0：数字化蜕变阶段

2015 年以后随着外部市场和环境的变化，百度的业务也迅速转型并不断扩张，要求 HR 从传统的事务型 HR 转型为能辅助企业进行业务决策的业务型 HR，让 HR 基于业务创造价值，借助交互性的系统和大数据应用对组织变革和人才发展进行预测分析。

回顾百度 e-HR 系统的建设之路，百度在推进 HR 信息化的第一阶段专注于简单的事务性、流程性人事工作的信息化，第二阶段主要实现对全流程生命周期的信息化管理，第三阶段更加重视利用大数据服务于企业战略和业务，HR 信息化建设的重点不断变换，最终将价值放在关键位置，人力资源部门的工作也从职能管理转向业务经营，能在更重要的位置上为企业创造更大的价值。

2. 百度 SDC：基于大数据的"才报"系统

百度 SDC 在转型过程中不断迭代更新，在管理决策方面利用大数据，从人才和组织管理的角度助推战略变革，驱动业务发展，并为员工构建完整的服务生态圈，基于自动化服务拓展 HR 的视野宽度，让 HR 在提升自我价值的同时提升人才战略规划价值，助力业务发展。

百度 SDC 有广阔的数据来源，能够积累海量人力资源数据，但如何充分利用这些数据，用数据说话是 SDC 要必须解决的问题。2014 年，百度 SDC 在 HR 信息管理部创建了人力资源大数据实验室，并搭建能够为 HR 服务的"才报"系统，让 HR 能够以业务为导向，利用函数、建模等方式提升数据的价值，从而更好地用数据支撑业务决策。

具体来说，"才报"系统能够量化人均效能、人员齐备率、员工离职率等影响人员发展和组织运行的数据，并预先设置好组织健康度的最低值，当企业或员工出现的问题已经能导致组织健康度达到最低值时，系统会以亮灯等方式向用户发出警告，用户只需点击相关数据，就能获取情况预测、原因分析、处理建议等信息。

组织健康度是预测企业未来发展的重要指标，组织健康度分析是"才报"系统中的一项应用。百度提出可以利用大数据分析从贡献意愿、留任意愿、组织创新、核心价值观四个方面评估企业的组织健康度，从而实现对隐患的预测和防范。

以人员齐备率分析为例，当企业中的某个业务团队的人员齐备率下降，且难以立即达到人员齐备状态，可能影响工作的完成情况时，系统会提前亮灯，提醒团队负责人和人力资源业务合作伙伴（Human Resource Business Partner，HRBP），避免出现误工的情况。

"才报"系统能辅助企业更好地完成招聘选拔、绩效考核、培训发展、人员配置等人力资源管理工作。百度还借助大数据应用和"才报"系统实现了更加科学合理的全方位评估，让人才推荐和评价变得更客观，不再受 HR 或主管的主观意识影响，但也保留了 HR 和主管的调整权，保持评估的灵活性和评估结果的客观性、真实性。

第三章
HR 数字化转型的四大维度

数字化协同办公

数字化转型不等于简单的技术创新，它是集企业经营理念变革、企业文化创新、企业组织结构优化调整为一体的企业系统性转型升级。

人力资源效能，概括地说，包含人力资源效率和人力资源价值创造能力两方面的内容。前者是指提升人力资本单位产出量，也即提升人均劳动生产率；后者是指提升人力资源价值创造能量与人力资本增加值，即人力资本回报与贡献率。具体来讲，是通过提升人力资源效能为客户和企业双方创造价值，促进企业的市场地位上升。利用数字化赋能企业人力资源管理，可以从以下角度切入。

数字化的工作场所是指企业依托新一代信息技术及新型智能设备，创建一个全局高效协同、生产力大幅提升、业务透明度高、员工爱岗敬业的线上工作环境，通过各类移动设备端口或 PC 端口，为各领域人员提供一站式服务窗口。

创建数字化的工作场所，能够达到团队间智慧高效协同的效果。利用网络平台建设线上团队，突破了传统组织模式的限制，可准确及时地掌握项目或业务的进展情况。另外，还可以借助网络会议、工作群组及网络直播等功能，随时随地组织线上会议，实现管理者与管理者、管理者与员工的随时互动沟通，提升企业内部协作效率。

在数字化的工作场所中，多人协同办公有了落地实现的可能。在协同办公模式下，员工可以开展实时协作，异地员工可以进行远程办公，从而实现数据共享与高效协同。从办公场景与功能的角度看，协同办公产品可以划分为以下几类。

● 文档编辑与协同类：如 Office 套件、金山 WPS、印象笔记、腾讯文档、石墨文档等。

● 综合协同办公自动化平台：如泛微、慧点、致远、钉钉等。

● 企业邮件：如微软的 Outlook、IBM 的 Lotus Notes 等。

● 企业网盘：如亿方云、百度网盘、坚果云等。

● 在线会议：如腾讯会议、飞书、Zoom 等。

● 即时通信：企业微信等。

为了满足用户需求，协同办公产品及软件必须做到三点，分别是简洁、效率与自由。其中，简洁指的是软件界面简洁，操作起来简单，可以简化办公流程；效率指的是协同办公软件要对撰写文档、开展会议、远程办公等场景进行整合，支持用户对资料进行实时检索，从而提高办公效率；自由指的是协同办公软件要支持用户随时随地沟通交流，表达自己的想法，通过思想的碰撞释放出个人的潜力。

具体来看，协同办公的优点在于让员工可以随时随地沟通交流、相互协作，共同完成某一项任务，自由组合信息，切实提高工作效率，充分释放个人潜力。下面对协同办公软件领域的代表性应用——钉钉进行具体分析。

钉钉是阿里巴巴集团面向数字经济时代，为企业打造的智能移动办公平台。从功能层面看，钉钉集成了即时沟通、钉钉文档、钉闪会、钉盘、OA 审批、智能人事、钉工牌、工作台、Teambition（团队协作）等多种功能，支持企业开展协同办公与应用开发，推动企业业务与组织的数字化升级，乃至对生产、销售、库存、人力、财务等全产业链的数字化升级产生了积极的推动作用，提高了企业的经营管理效率，释放了企业的数字化生产力。

　　钉钉一端连接基础设施，一端连接行业应用，催生了一种全新的工作方式，成为一种新的生产力工具，为数字经济时代企业的"云化"以及数字化转型提供强有力的支持。下面对钉钉的两大功能——协同办公平台与应用开发平台（如图3-1所示）进行具体分析。

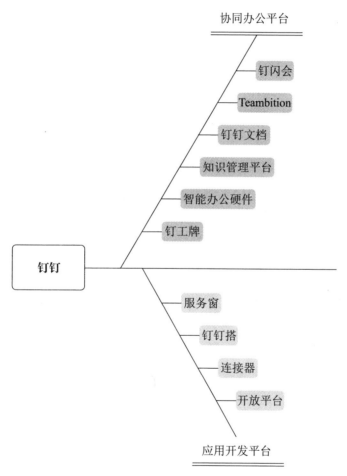

图 3-1　钉钉的两大功能

1. 协同办公平台——组织数字化

（1）钉闪会

钉闪会是钉钉与达摩院联合开发的一种支持高效开会的工具，包含三个细分产品，分别是闪会、闪记、闪享，可以解决会议场景的痛点问题，包括会议没有主题、会议拖沓、流程混乱、没有结果等，切实提高各类会议的指向性，保证会议效果。

（2）Teambition

作为一款团队协作工具，Teambition 支持用户对项目与任务进行可视化管理，极大地简化了团队协作流程，非常适合产品研发、设计、市场、销售、运营等经常需要团队协作的部门使用。

（3）钉钉文档

钉钉文档是一个企业协同办公的软件集合，支持插入附件、流程图、路线图、代码块、脑图等四十多种元素，可以切实保障企业文档服务的安全与效率，支持多名用户在线实时编辑文档。

（4）知识管理平台

钉钉的团队空间集成了知识空间、项目空间、会议空间、部门空间等多个空间，支持企业搭建知识管理平台，对企业经营过程中积累的知识与经验进行记录、沉淀与传承，构建一个独属于企业的智慧大脑。

（5）智能办公硬件

钉钉的智能办公硬件不是一开始就具备的，而是经历了一个不断升级、完善的过程。钉钉 4.0 推出一个软硬件一体化的智能移动办公解决方案，后来逐渐向钉钉智能无人前台、钉钉智能投屏 FOCUS、钉钉视频会议一体机等智能办公硬件升级，并与智连生态合作伙伴相结合，为各行各业提供软硬件一体化的场景化解决方案，为企业数字化、智能化升级提供强有力的支持与助力。

（6）钉工牌

钉工牌是国内第一个数字化工牌，既具备传统工牌的身份验证功能，又具有支付能力。员工不再需要佩戴实体工牌，在需要进行身份验证的场景，只需要打开钉工牌扫码即可；企业也不需要制作与发放钉工牌，无须担心工牌丢失可能引发的各种风险，而且可以不断拓展钉工牌的功能，在工作时间对员工进行跟踪定位，监督员工是否存在旷工、无故离岗等行为。

2. 应用开发平台——业务数字化

（1）开放平台

钉钉开放平台开放了 2000 多个 API（Application Program Interface，指应用程序接口），吸引了 100 多家专门为企业提供服务的组织与机构入驻，这些组织与机构覆盖了企业培训、人事管理、销售客服、财税管理等多个领域。钉钉开放平台凭借强大的服务能力，汇聚了 2500 多个生态合作伙伴，为 1900 多万家企业与组织服务。

（2）连接器

连接器的主要功能就是连接，将官方应用、三方应用和企业内部系统之间的数据连接在一起，解决异构系统之间数据不流通、不共享的问题，促使企业实现自动化协同，切实提高各项业务的数字化水平。

（3）钉钉搭

作为国内第一个一站式低代码聚合平台，钉钉搭通过各种利好措施吸引了宜搭、氚云、简道云、易鲸云等低代码领域的头部厂商入驻，为用户打造了一种简单方便的搭建应用的方式，即支持用户按照自己的想法，采用拖拉拽的方式搭建应用。

（4）服务窗

服务窗的主要功能是支持企业对外开展营销活动，进行客户管理，实现以客户为中心的一站式展示、沟通与管理，打通内部与外部的业务流，畅通内部与外部的沟通渠道，让客户享受到更优质的服务，从而提高客户的转化率。

数字化员工体验

员工体验研究院认为，员工体验是员工在从发现招聘信息到离职的整个过程中对组织中的所有事物产生的全部感受。对企业来说，员工体验能对业务活动和投资回报率等产生重要影响，因此，企业应提高对员工体验的重视程度。

由于我国劳动力人口逐年减少，人才红利逐渐取代人口红利成为推动经济发展的重要因素，因此，企业若要强化自身在人力资源方面的竞争力，就必须做好吸引人才和留住人才的工作。除此之外，员工体验与员工的敬业度、满意度以及工作效率密切相关。具体来说，员工的敬业度、满意度和工作效率会随着员工体验的优化而提高，随着员工体验的劣化而降低，进而影响企业的发展。而在 HR 数字化转型的过程中，员工体验的数字化变革主要包括以下几部分，如图 3-2 所示。

图 3-2　数字化员工体验的主要内容

1. 数字化办公：自由灵活的工作方式

伴随着网络成长起来的 Z 世代是数字化时代的原住民，有更加自由、灵活的思想，也更加重视工作的灵活性。传统的工作形式和管理模式具有单一性、固定性的特点，会限制 Z 世代的工作积极性，影响工作效率，不仅如此，还会对员工的创新形成制约，影响企业的创新发展，对员工队伍形成负激励。

企业可以通过在数字化办公系统中联通项目任务和工作来为员工工作提供便捷，以应用协同管控系统的方式让员工的工作不再受时间和地点等外部因素的限制，员工只需通过系统便能在线上完成各项工作。

企业引入数字化系统一方面能够扩大员工对于办公时间和办公地点的选择范围，让员工可以利用网络和移动终端设备在任意时间、任意地点办公；另一方面，让员工自主选择工作地点也能够提高员工的工作效率和创新能力，有助于企业的创新发展。

2. 自助服务：提高 HR 运营性工作的效率

随着时代的进步，人们对工作提出了更高的要求，工作不仅仅要满足基础需求，还要能够为自己带来内在价值上的提升，助力自身成长。

基础性、重复性、程序化的工作不利于员工提升自我价值。从员工的角度来看，这类工作会限制员工思考和创新，不利于活跃工作气氛，易导致员工消极怠工，工作效率和工作质量低下；从企业的角度来看，由于员工情绪不佳，无法保证完成业务的质量和效率，不利于企业的长远发展，而无法帮助员工实现自我价值也会导致离职率升高，最终降低人力资源管理效率。

员工可以利用数字化办公平台自动完成打卡签到、费用报销、物品申领等各项基础性事务，减少了花费在各项基本办事流程上的时间，能够获得更加轻松、方便的办事体验。

在传统的人力资源管理模式下，人力资源管理部门的薪资计算、采购部门的异常数据处理、运营管理部门的项目审批等事务性工作都需要人工完成，不仅需要花费更高的时间成本和人力成本，还难以确保准确度。在数字化的人力资源管理模式下，数字化办公平台可代替人工自动完成各项事务性工作，只有最后的检查环节会使用人力，这既能够大幅减少员工在基础性事务上的工作量，让员工专注于价值更高的工作，强化员工的战略性思维，提升员工的工作积极性和成就感，也能有效提高办事效率。

3.终身学习：构建学习网络，驱动员工自我成长

随着人才红利时期的到来，"终身学习"逐渐成为人们适应时代发展的必然选择，而这在 Z 世代的身上格外突出。2018 年 6 月，《第一财经周刊》和优衣库联合发布《2018 年中国 Z 世代理想生活报告》，该报告收集10308 份有效问卷用于解读 Z 时代的生活方式和理想追求，报告中的数据显示，将闲暇时间用于"学习或课外自我充电"的"95 后"有 74%，而"95前"只有 35.49%。由此可见，"95 后"更加重视自我学习，并且不仅学习专业知识，还会积极了解心理学等多个专业领域的知识。

就目前来看，大多数企业对员工学习的重视度较低，几乎不会开展入职培训之外的学习培训活动，员工难以在组织中获得能力的提高和知识的补充，长此以往，不仅员工的学习积极性会逐渐降低，组织与员工之间的信息沟通学习和跨学科创新也会受到阻碍。

企业可以利用数字化技术和数字化应用为组织学习赋能，以内部培训和丰富课程等多种方式升级企业学习网络，推动数字化学习型组织建设。对员工来说，既可以利用数字化系统学习专业知识和技能，根据自己的偏好了解跨领域的知识，也可以在系统平台上与其他员工交流，增加学习的趣味性，以便提高对学习的兴趣，加深对知识技能的理解；对企业来说，可以通过搭建底层数字模型来获取员工信息，精准掌握员工的学习需求、知识漏洞等情况，从而有针对性地指导员工学习，让员工可以更加便捷高效地获取知识、提升工作能力，为企业创造更高的价值。

4.数字化关怀：满足员工的真实需求

员工关怀是企业管理中必不可少的重要环节。企业在实施员工关怀时，需要深入了解员工需求，并从员工需求出发进行员工疏导，提高关怀的有效性，以便增进员工的归属感和参与感，优化员工体验，让员工全身心投入工作，除此之外，有效的员工关怀还有助于增强凝聚力，降低离职率，

优化组织结构，从而推动企业实现发展目标。但目前大多数企业在进行员工关怀时只有物质层面的回馈，忽视了精神层面的关怀，因此并未全面满足员工需求，也就难以充分发挥出员工关怀的作用。

数字化的员工关怀能够满足员工的物质需求、安全需求、尊重需求、社交需求和自我提升需求等多种需求，实现对员工的全面关怀，有效增强员工与企业之间的黏性，助力企业发展。因此，企业需要积极推进员工关怀的数字化转型，从员工层面来看，数字化的员工关怀不仅能够针对不同的员工设计不同的员工关怀方案，让关怀更贴近员工的需求，还能对员工提出的内在需求进行保密，保障员工的隐私；从企业层面来看，数字化的员工关怀既可以通过分析员工诉求来了解员工，精准满足员工需求，也可以通过分析企业来发现自身在运营管理等方面的不足，从而高效地弥补缺陷。

5. 组织降维：实现部门间的高效协同

企业内部的沟通是企业的重中之重，有效的内部沟通能够提高工作效率，辅助企业决策。但部分企业存在内部组织结构不合理的情况，缺乏畅通的沟通渠道，上下级、同级之间难以进行及时、准确的沟通和反馈，信息难以在组织内部充分流动和共享，这严重影响了企业的管理和决策。一方面，上下级之间存在沟通障碍会导致基层员工无法及时向企业高层反馈市场变化，因此企业难以根据实时的市场变化进行决策；另一方面，同级之间存在沟通障碍会导致员工难以协同工作，影响工作效率和工作质量。

数字化办公系统的应用能够推动组织结构由三维向二维转化，为企业提供沟通交流的渠道，实现上下级互联和同级互联。上下级互联不仅有助于企业高层及时了解基层员工的想法，在业务活动中集思广益，也能充分发挥员工价值，增强员工的参与感和成就感；同级互联既有助于实现跨部门高效协作，提高工作效率，也能有效避免员工因沟通不畅产生消极情绪。

数字化业务流程

企业实施人力资源数字化管理，需要认准人力资源部门的变革方向，正确运用数字化技术为人力资源管理赋能，借助数字化工具对决策方案进行优化创新。

人力资源管理数字化转型能够释放企业运营管理的潜在价值，并依托数字化技术和数字运营思维，构建适配人才战略的新型人才供应链，同时还能提升员工服务体验，打造端到端的人力资源高效运营闭环。

借助数字化技术梳理并完善人力资源管理业务流程，实现"制度流程化、流程表单化、表单信息化"的一体化格局，进而在数字化系统平台中创建人力资源运营管理各领域全覆盖的高效运营系统，推进业务流程的集成化、自动化、智能化运行。

1. 数字化员工服务

目前越来越多的企业开始重视人性化管理，致力于打造优质、高效、多元化的员工服务体系，以提升员工积极性与敬业度，从员工层面助力企业实现降本增效。

全生命周期的、全方位的员工服务内容。鉴于现在的社会发展模式，越来越多的工作人员无法平衡工作和生活，在这种情况下企业要想确保员工的积极性和工作效率，就要推动人力资源管理数字化转型，将数字化技术融入员工职业的全生命周期，在员工任职期间为其提供个性化服务体验，包括工作中常规的人事服务及生活中出行、居住等服务。

全渠道、智能化服务方式接入，极致的数字化体验。利用数字化技术开通一系列员工服务渠道，如移动 App、微信公众号、Web 门户、自助呼叫热线等，员工能随时随地享受到优质的服务。除此之外，一些新兴智能技术如智能机器人、语义辨析等，能够实现真人与机器人的无障碍沟通，进一步推动数字化体验升级。

以入职服务为例，公司以电子邮件的形式向拟录用人员发送 Offer，并在 Offer 内附带公司员工服务 App 下载通道，拟录用人员下载安装后注册、填写个人信息，也可以通过 App 提前了解公司地址、文化制度、业务范畴、荣誉奖项等信息，同时 App 还配备智能机器人，为新员工答疑解惑，还可以通过智能定位功能推荐最优通勤路线。

在 HR 完成入职手续的办理之后，数字化平台会及时向拟录取员工发送祝贺和欢迎邮件。新员工入职当天，员工服务 App 自动展示所属部门经理、主管、同事等信息，同时还会以座位图纸的形式直观地引导其找到自己的工位，工位上也会提前准备好办公需要的一切工具。

2. 数字化人才管理

企业开展数字化转型，势必需要调整甚至重构企业战略，进而需要重新构建战略执行的人才组织结构。推动数字化技术与人力资源管理业务深度融合，广泛理解企业战略，并据此创建合适的人才供应链，建设适应数字化人才的管理体系，充分发挥数字化技术的价值，带动企业人力资源管理运营的数字化转型，推动企业全面转型升级。

（1）人才吸引和招聘方面

企业借助数字化技术打造企业品牌形象，提升知名度和美誉度，吸引更多优秀人才。同时，数字化技术赋能人才招聘，促使人才招聘工作效率和质量产生质的飞跃，对候选人进行智能筛选和甄别，入围的候选人通过视频通话的形式参加面试，提升沟通效率。此外，公司高层还可以利用大数据技术了解业内人才、平均薪酬等信息，制定科学的人才决策。

（2）员工学习与发展方面

数字化技术能够促进学习模式的变革。员工学习不再受以往老师、时间、环境等的限制，利用智能设备与数字化平台，充分利用下班后的碎片化时间，随时随地都可以开展学习。大数据技术可以根据员工的学习、工作等行为数据，为员工推送最合适的学习方案，提升员工学习兴趣和学习体验，促进员工进步。同时，学习管理系统平台也朝向多元化、社交化、趣味化方向变革，学习内容不再局限于业务流程和职能等，也加入了员工社交、知识管理等内容，横向拓宽学习内容，促进员工素质全面提升。此外，企业借助数字化平台，开展智能化、个性化培训，为员工赋能，推动人力资源管理数字化转型。

（3）绩效管理与员工激励方面

目前，许多企业为实现战略目标，纷纷开展绩效管理的重塑行动，优化绩效管理流程，将企业的总体战略目标细化拆解，并分散到每个员工身上，实现精细化绩效管理。数字时代下，以数据驱动的绩效管理目标将更容易实现。绩效管理数字化将实时展现工作成效，便于管理者互动和沟通，推动激励管理与绩效管理的融合运行，调动员工积极性，活跃组织气氛，培育员工技能，实现组织效益最大化。

数字化管理决策

基于企业内外部数据，深入洞察人才管理现状，预测未来趋势，提出可行的前瞻性建议，做出科学且智能化的人才管理决策。对数据进行洞察，深入挖掘管理业务未开发领域或难以实现的领域，借助数字化技术推动业务管理的创新升级。对组织运营进行监控，提升人力资源运营效能。基于数据对管理风险进行预测，提前布局合理的人才管理计划。

1. HR 数据库：驱动管理决策创新

大数据时代，单是企业人力资源管理领域，在运行过程中都会产生数量庞大、种类繁多、关联复杂的数据信息，人们不可能将这些信息一一掌握，这可能导致管理决策缺乏合理性。通过整合人力资源部门内外部的相关数据，建设人力资源数据库，构建全面、共享、精准、快速的数据分析体系，可以深入挖掘数据价值，推动决策的科学性和创新性。

2. 场景分析：实现数据驱动管理闭环

借助大数据技术，结合人力资源专业知识，基于战略制定、组织运营与决策、人才管理等实际业务应用场景创建数据分析模型，通过模型的模拟仿真进行业务场景模型验证，打造一个模型分析闭环，优化后的结果又推动运营决策朝向更高层次跃进，形成人力资源管理高效化、智能化、数字化与量化的良性循环。

3. 数据诊断：以数据分析为决策依据

"以数据和数据分析为决策依据"的体系，通过业务流程化的数字平台可以融入战略制定、业务运营到员工管理的方方面面。

通常，管理者可以按业务需求实时在线查询员工效能及组织效能，及时对决策做出调整。数字化平台系统将实时采集的数据进行分析与预测，诊断异常数据及可能出现的原因，并及时输送给业务指标负责人以警示相应问题。将数据与数据分析作为决策依据，不仅可以简化管理者的工作，做到决策有据可依，提升工作效率与决策合理性，比如人才招聘、员工请假审批等，而且可以帮助管理者清晰定位公司在行业内的地位与竞争力，及时调整公司内部组织结构等。

人力资源管理数字化转型以数字化工作场所为载体，从业务数字化着手，推动运营效益数字化，推动实现决策数字化，最终形成人力资源管理数字化闭环，目的是全面建设企业数字化管理能力，使"数字化思维"在企业经营管理的各个领域融入渗透，提升企业和管理者的数字化意识，促进企业数字化转型。

　　人才是企业的骨干力量，是企业发展的根本。企业开展数字化转型，人力资源部门应当主动担任推动者与领导者。数字化赋能人力资源管理，借助新型数字平台提升员工工作体验，通过数字化推动组织结构创新、管理模式变革，促进人力资源部门自身的数字化运营，培育员工的数字化思维模式。

第四章
HR 三支柱模型与模式落地

重构人力资本战略

通用电气前 CEO 杰克·韦尔奇曾说，在所有类型的企业中，人力资源负责人的地位仅次于企业领导者。然而，国内多数企业缺乏对人力资源的重视。这是因为人力资源部门产生的价值较低，很多企业存在人力资源部的发展跟不上总体业务发展的现象。

要想发挥人力资源管理在公司业务发展过程中的推动作用，就要在业务层面开展"人力资本"的运作。为此，人力资源部门应该改变此前的定位，依据业务需求进行团队组建。但现阶段国内的人力资源部门主要根据绩效、培训、薪酬等职能板块来组织团队，团队承担包括政策制定、实施及其他相关事务在内的所有工作，最终产生的总体价值十分有限。

企业总部、各个区域及业务项目都在采用依据职能块组建人力资源团队的方式。针对业务发展过程中产生的需求，总部人力资源部门通常以智能块为切入点进行方案制定，再以内部政策的形式推动实施。在这种模式下，总部的业务领导者会认为政策实施只停留在形式层面，下属单位的业务负责人则认为政策的实施带有强制性，无法对一线业务进行深入把握。

只有采用类似于业务单元的运作模式，才能发挥人力资源管理对公司业务发展的推动作用。业务单元具有明确的分工，客户管理工作、服务交付工作、技术支持工作等由不同的人来承担，为此，要对人力资源的角色进行细分。

1. HR 三支柱模型与体系架构

在一个组织中，HR 部门属于服务性部门，主要承担事务性工作，为其他部门提供与人力资源相关的服务，久而久之，就会与其他部门分离。但根据 Aon Hewitt（怡安翰威特）的研究，如果 HR 部门可以改变自身的运作模式，就可以发挥业务驱动功能，这就从人力资源组织设计的角度为 HR 支持业务增长提供了一种新思路。

具体来看就是，HR 要转变思维，改变过去"人是资源"的传统观念，将人视为一种资本，进而将人力资本作为一项业务来经营。在这种理念下，HR 部门逐渐从职能导向转变为业务导向，像其他业务部门一样运作，以实现业务增值。为此，HR 部门的结构也要发生一定的改变，划分为客户管理、专业技术、服务交付三个细分部门，交由专职人员负责。这样一来，原本单一的 HR 角色也一分为三，形成了三个不同的职位，即 COE、HRBP 和 SSC，这就是 HR 的三支柱模型，如图 4-1 所示。

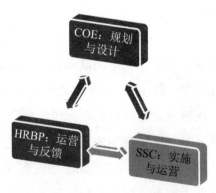

图 4-1　HR 的三支柱模型

① COE（Center of Expertise，人力资源专家）：在整个人力资源管理体系中发挥着政策主导作用以及为各人力资源板块提供咨询意见。

②HRBP（Human Resource Business Partner，人力资源业务合作伙伴）：负责从专业人力资源管理者的角度对当前业务发展过程中出现的问题进行考虑，给出建议，根据业务发展需求制定人力资源解决方案并负责后期的实施。HRBP是战略层级的合作伙伴，是解决方案的集成者以及组织变革的推动者。

③SSC（Shared Service Center，人力资源共享服务中心）：负责处理日常事务，根据既定标准提供服务。SSC是HR效率提升的关键角色，是确保人力资源高质量发展以及控制成本的最佳武器。

HR三支柱，并不存在职能等级上的高低，正如建筑的底层根基一般，只有夯实根基，确保三支柱的坚固，才能确保人力资源管理在组织发展中的重要地位和价值贡献。

2. HR三支柱的运作模式

对人力资源组织进行改革，也就是对HR的角色进行划分。改革之后的人力资源组织，也就是当前很多优秀企业采用的HR三支柱模型，能够提升人力资源部门的效率。类似于业务部门，人力资源部门同样具有执行能力，但在这之前，人力资源部门需要对客户及其需求进行准确定位。人力资源部门从业务需求出发来为客户提供其所需的服务。

从客户细分理论的角度出发，人力资源部门可以按照如下方式对客户进行细分。

● 高层管理人员：这类客户的需求集中在战略实施过程中所需的制度保障、人才资源、文化支撑等方面。

● 中层管理人员：这类客户的需求集中在人员管理过程中所需的信息、工具及其他帮助等方面。

● 员工：这类客户的需求集中在了解政策内容、获得相关服务方面，具体包括入职手续、薪酬领取、合同签订等。

人力资源部门需为高层管理人员提供定制化服务，为员工提供标准化服务，为中层管理人员提供介于上述两者之间的服务。

人力资源部门要采用能够对接客户需求的运作模式，如同面向外部客户，要对接定制化需求也并不简单，为了解决这个问题，公司在人力资源部门设置了 HRBP，充当人力资源客户经理兼顾问。HRBP 要能够发现客户的潜在需求，并据此进行方案制定与服务输出。其存在能够让人力资源部门的运作更好地服务于企业，从业务而不是智能方面出发考虑问题。

不过，要根据业务发展需求进行方案制定，就要掌握业务本身及人力资源相关的专业知识，而同时掌握多个领域知识的人才非常稀缺。可通过专业细分方式来解决这个问题，由 COE 来完成此类工作。COE 作为人力资源领域的技术专家，掌握着人力资源管理的专业技能，并且拥有丰富的实践经验，能够制订业务发展规划，设计人力资源政策、流程及完整的方案，帮助人力资源业务合作伙伴解决技术方面的问题。

要让 HRBP 与 COE 集中精力解决战略、咨询方面的问题，就要减轻他们承担的事务性工作压力。另外，人力资源部门服务的员工客户，在需求方面通常存在同质化特征，可采用统一标准提供服务，即通过共享服务中心来满足他们的需求。

SSC 采用统一标准，为管理者和员工提供咨询服务，避免 HRBP 与 COE 承担过多的事务性工作，在提供服务的同时，还会采取相应措施提高服务满意度，提高运营效率。

HR 三支柱的角色定位

对 HR 的角色进行细分，不仅能够满足业务发展的需求，还能保证企业整体的一致性不受影响。不少企业的人力资源管理者无法处理好两者之间的关系，如果为业务部门提供其所需服务，就难以保证公司整体的一致性，但如果在服务提供方面出现问题，又会引发业务部门的不满。

在进行角色细分的基础上，HRBP 要让 HR 根据业务需求开展运营，提供企业业务发展所需的服务；COE 负责保证公司的一致性，避免因此影响到公司的政策、方案结构及其流程，同时根据 HRBP 提出的业务需求，在确保一致性的基础上提高灵活性；SSC 负责在交付服务方面保持一致性。三者之间发挥协同作用，各自的角色定位如图 4-2 所示。

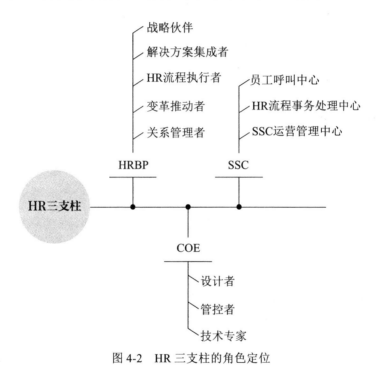

图 4-2　HR 三支柱的角色定位

1. HRBP：确保满足业务需求

通常情况下，企业会根据客户进行 HRBP 的配置。一般来说，面向高层组织，以管理架构为核心标准，综合考虑解决方案的难度委派相应的 HRBP 人员；面向低层级组织，以员工服务率为基准进行 HRBP 人员的配置，更好地处理公司内部的管理事务。

HRBP 要具备综合能力素养，具体来说就是要在掌握 HR 各项技术能力的基础上，了解各项业务对人员的需求，帮助其他业务部门维护好员工关系，解决其他业务部门在日常工作过程中出现的比较简单的人力资源问题，帮助业务经理做好员工管理。同时，HRBP 要能够发现业务单元日常人力资源管理中存在的种种问题，对这些问题进行整理，提交给人力资源专家，由人力资源专家给出专业的解决方案。

在实际工作过程中，HRBP 扮演着以下五种角色。

● 战略伙伴：辅助管理者制定人才战略与组织发展战略，并推动战略落地执行。

● 解决方案集成者：对 COE 提出的方案进行集成，形成以业务为导向的解决方案。

● HR 流程执行者：执行人才招聘、人才管理、人才挖掘、人才留用等任务，为人员管理决策提供强有力的支持。

● 变革推动者：推动企业变革。

● 关系管理者：辅助各业务部门的负责人做好员工关系管理。

HRBP 往往会根据业务需求进行人员配置，切实满足管理人员对人才的需求，保证各项工作有序推进。企业不同，业务的复杂程度不同，HR 对业务的支持程度就会不同，HRBP 的服务率自然也不同。

2. COE：确保业务设计一致性

通常情况下，若企业本身规模较大，考虑到其业务线及地域分布涉及诸多因素，COE 应该针对各个地区或业务线的需求进行资源分配，从而服务于企业的业务发展。具体来说，企业总部的 COE 要面向整个集团乃至国际市场进行政策、方案、流程等相关原则的制定，各个地区或业务线的 COE 则要根据实际情况制定更具针对性的指导原则，从而在确保整体框架一致性的基础上，以灵活的方式为业务发展提供所需服务。

具体来看，COE 主要承担以下工作：进行人力资源规划，对员工进行考核与测评，调查员工的培训需求，设计培训方案并组织培训，设计并完善员工的绩效考核制度与薪酬方案，帮助 HRBP 处理一些比较专业的 HR 领域的难题，从专业角度为企业各项人事管理规定的制定与完善提供意见与建议，并指导 SSC 开展服务活动。

在具体实践中，COE 主要扮演以下三种角色。

● 设计者：COE 利用所掌握的专业知识设计以业务为导向的 HR 政策、流程与方案，并对这些政策、流程与方案进行动态调整，使其更符合企业需求。

● 管控者：COE 要保证 HR 政策与流程符合相关规定，以免因为违规遭到处罚。

● 技术专家：COE 要为 HRBP、HRSSC 以及其他业务管理人员提供技术支持。

大型企业，尤其是跨国企业需要为不同地区的分公司或者不同的业务线配备专属的 COE，其中总部的 COE 负责制定统一的人力资源战略、流程、政策与方案，各地区或者业务线的 COE 根据指导原则，制定符合实际需求的人力资源战略、流程、政策与方案，更好地满足各地分公司以及业务线的运行需求。

3. SSC：确保服务交付的一致性

SSC 负责给人力资源部门的客户提供人力资源共享服务，同时还要对服务的质量、效率及成本负责。具体来看，SSC 的工作职责包括员工招聘、薪酬福利核算与发放、社会保险管理、人事档案管理、人事信息服务管理、劳动合同管理、新员工培训、员工投诉与建议处理、咨询服务等。

在具体实践中，SSC 主要为 HR 提供标准化、流程化的服务，确保服务交付的一致性，将 HR 从操作性事务中解放出来，使 HR 的服务效率得以大幅提升。具体来看，SSC 主要扮演以下三种角色。

- 员工呼叫中心：对员工与管理者的服务需求做出实时响应。
- HR 流程事务处理中心：为 COE 开展员工招聘、薪酬发放等事务提供有效支持。
- SSC 运营管理中心：为质量控制、供应商管理、数据管控、技术管控等提供强有力的支持。

HR 三支柱的落地实操方法

传统的 HR 管理可以划分为六大职能模块，分别是人力资源规划模块、招聘与配置模块、培训与开发模块、绩效管理模块、薪酬福利管理模块、劳动管理模块。这六大职能模块按照专业分工原则相互协作，构成一个完整的 HR 管理系统，强调的是 HR 应该承担的责任与需要完成的任务，关注的是 HR 本身的各项事宜。而 HR 三支柱是一种分权式的 HR 管理模式，强调纵向分层，更关注各项业务。

HR 三支柱模型自提出以来得到了广泛应用，引领了很多企业 HR 的转型，尤其是阿里巴巴、腾讯、华为等大型企业。虽然这些大型企业应用 HR 三支柱模型取得了不错的成绩，而且结合企业实际对 HR 三支柱模型进行了创新，推动 HR 三支柱模型的有关理论不断完善，但也有很多企业在使用 HR 三支柱模型时生搬硬套，没有与企业的实际业务需求相结合，导致最终的应用效果不如人意。因此，应用 HR 三支柱模型首先需要了解其适用条件以及实操流程，如图 4-3 所示。

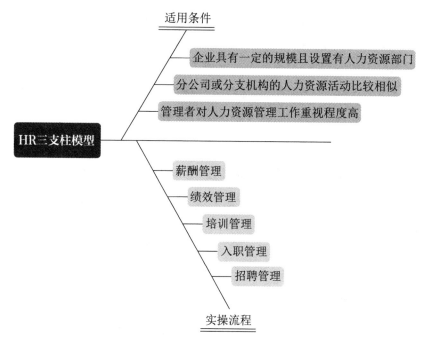

图 4-3 HR 三支柱模型的适用条件和实操流程

1. HR 三支柱模型的适用条件

通过对企业应用 HR 三支柱模型失败的案例进行总结，我们发现不是所有的企业都适合使用 HR 三支柱模型。具体来看，HR 三支柱模型的适用条件主要包括以下几点。

① 企业要达到一定的规模，下设分公司或分支机构，这些分公司或者分支机构都设立了人力资源部，并且各个人力资源部设立了一些重复性的职能相似的部门。

② 企业各分公司或分支机构的人力资源活动比较相似，部分工作可以由集团统一处理。

③ 企业管理者对人力资源管理工作比较重视，希望通过改进人力资源管理工作来提升企业整体的竞争力。

中小企业可以借助 HR 三支柱模型重构人力资源工作。因为中小企业的人事管理工作比较简单，没有太过旺盛的招聘需求，所以一般只配备一名专职的 HR，或者组建一个综合办公室，兼顾行政管理以及人力资源管理工作。在这种模式下，综合办公室就扮演了 SSC 的功能，负责日常事务类服务工作；老板就扮演了 COE 的角色，制定管理规则及管理方案；业务部门的负责人扮演 HRBP 的职责，负责所有任务的落地与执行。

2. HR 三支柱模型的实操流程

（1）招聘管理

COE：根据公司的年度战略目标制订年度招聘计划，对线上线下的招聘渠道进行整合，根据企业实际情况选用合适的招聘方法，对招聘流程进行动态调整，对招聘过程进行动态监督，保证招聘效果。

HRBP：与用人部门的负责人沟通，确认招聘需求；根据招聘需求拟定招聘条件与岗位职责；参考行业内同类岗位的薪资待遇，结合企业的实际情况确定招聘岗位的薪资待遇；辅助用人部门的负责人进行面试，确定录用人员；与被录用人员确定到岗时间，辅助其做好报到准备。

SSC：选择合适的渠道发布招聘信息，接收简历，并对简历进行初步筛选，将合格的简历发送给用人部门的负责人，确定面试人选、面试时间、面试地点等并组织面试。

（2）入职管理

COE：围绕员工信息管理制定标准的操作流程。

HRBP：组织人才测评，对员工信息管理流程进行监督，获取用人部门的审批意见。

SSC：引导新员工准确录入个人信息，及时更新员工的个人信息以及薪资等数据。

（3）培训管理

COE：根据各部门的培训需求选择合适的培训机构或者讲师，有针对性地设计培训课程，保证培训效果。

HRBP：与提出培训需求的部门的负责人沟通，根据部门的业务情况与未来的发展目标对培训需求进行分析，明确培训需求与培训目标，并针对培训课程的安排提出一些可行性的意见与建议。

SSC：对培训过程进行跟踪监管，及时反馈培训效果，整理并发布一些免费在线学习资料与公开课，满足员工的学习需求。

（4）绩效管理

COE：制定绩效考核方案与流程，并对其进行动态调整。

HRBP：参照企业以及部门的战略目标，协助部门负责人制定适合本部门的绩效考核目标，向员工反馈绩效考核结果，共同调整绩效考核目标并制订改进计划，对绩效考核过程进行监督指导，推动绩效考核目标落地。

SSC：对绩效数据进行管理，防止数据被窃取、被泄露；对员工的绩效工资进行核算，对员工的薪资情况进行修订。

（5）薪酬管理

COE：对行业平均薪酬、最高薪酬、最低薪酬进行调查，对本企业的薪酬水平进行评估，根据调查结果制定薪酬调整方案，结合企业的年度财务预算制订年度薪酬计划。

HRBP：对员工绩效考核情况进行统计，有针对性地为员工安排涨薪或者降薪。

SSC：收集与员工薪资有关的信息并做好维护；对员工的出勤情况进行考核，并根据考核结果核算并发放工资；对员工的薪资变化情况进行统计分析。

总而言之，HR三支柱推动企业的人力资源管理模式从以专业为导向转变为以业务为导向。当然，这不代表传统的人力资源不重视业务，而是在传统的人力资源管理思维的指导下，HR更习惯从自身职能出发，根据自身的能力向业务部门提供服务，而HR三支柱强调为业务部门提供其需要的服务。这种转变也可以概括为从以供给为导向转变为以需求为导向。

从HR的职业发展来看，聚焦个人成长与发展，HR可以先从SSC切入，锻炼扎实的HR技能。伴随经验的沉淀与积累，擅长管理与沟通的HR可以向 HRBP 转型，如果希望在人力资源管理领域纵深发展可以向 COE 转型。总而言之，HR 要转变思维，从事务型 HR 向策略型 HR 转型。当然，关于 HR 转变思维，也有一点值得一提。HRBP 既是一个岗位，同时还是一种思维的方式。人力资源的核心是人，而业务是由人完成的，因此人力资源的业务思维不仅仅是 HRBP 仅有的。COE 和 SSC 都需要具备业务的思维，真正将推动业务作为自己的核心工作。

除此之外，在现实的工作中，很多人力资源部门把自己做成了"官僚机构"，这成为业务部门诟病的主要问题。而有时候，人力资源部门没有成为"伙伴"，反而成为了"伙计"，无法得到业务部门的尊重与认同，成为走流程、跑过场的角色。这都是值得人力资源部门认真思考并积极探索的问题。

阿里 HR 三支柱的演变路径

在阿里巴巴看来，人才首先要满足两个基本条件：一是认同企业价值观并和企业价值观保持一致；二是有良好的业绩表现，并具备满足阿里巴巴业务发展需要的知识与技能。

阿里巴巴于 2003 年开始将价值观考核纳入绩效考核体系之中，并引入末位淘汰制度，按照"271 排名"对员工业绩效进行划分，即 A 级员工占 20%，B 级员工占 70%，C 级员工占 10%。

阿里巴巴前首席人力官在分析价值观考核对阿里的作用时，曾将其形象地比作"绳子"。随着阿里巴巴规模不断扩大，对人力管理提出了极高的挑战，想要让组织保持较高的凝聚力，必须抓住价值观考核这一"绳子"，避免企业被时代洪流冲垮。

2005 年是被阿里巴巴载入史册的重要一年，淘宝网成功将易趣、Ebay 等竞争对手甩在身后，成为亚洲最大的网络购物平台。在这一关键时间节点，为了更好地适应不断扩大的组织规模，实现对人力资本的高效利用，阿里巴巴在人力资源管理方面投入了大量资源，为 HR 三支柱模式的形成奠定了坚实基础。

2003 年，阿里巴巴的 B2B 业务获得了长足发展，但当时电商人才相对较少，阻碍了阿里巴巴的快速发展。如何在组织规模不断扩大基础上，使员工认可并传承阿里巴巴价值观，并且为业务发展和人力资源开发提供有力支持，是阿里管理层亟须解决的重点问题。

而当时的热播军事题材连续剧《历史的天空》和《亮剑》成为阿里巴巴解决这一问题的重要契机，CEO 对两部连续剧中既懂军事又精通政策的幕后英雄张普景政委和赵刚政委有深刻印象。不久后，CEO 决定将"政委"引入阿里巴巴。

为了便于管理层深入学习并借鉴，CEO 为每一位管理者发放了两部连续剧的 DVD。人力资源部副总裁和 CEO 的想法不谋而合，他正在尝试为 B2B 部门配备同时具备业务和管理才能，并且可以推进企业价值观建设的人力专员。这种想法和 CEO 的灵感碰撞交融后，阿里巴巴成功建立了"政委体系"，这为形成阿里巴巴 HR 三支柱中的 HRBP 支柱奠定了坚实基础。

在战略视角上，阿里致力于成为一家百年企业，避免业务经理追求短期业绩增长而损害长期利益是很有必要的，而通过设置可以与其相互制衡的政委可以很好地满足这种要求。

阿里巴巴于 2005 年开始重视建立成熟完善的人力资源管理系统，当时的阿里巴巴对电商未来发展趋势有着清晰的判断。为了充分发掘这一他们几乎没有天花板的巨大市场，阿里巴巴首先选择修炼内功，不断积累资本，而人力资源正是重要的资本之一。

而管理人力资本，推动企业文化和价值观传承，不断提高员工综合素质，需要有专门的机构负责全面推进。为此，阿里巴巴打造了统一的 e-HR 平台，为 HR 三支柱中共享服务中心的形成奠定了坚实基础。

回顾阿里巴巴组织结构演变，2005 年，阿里巴巴全资收购雅虎中国，使其组织结构更为复杂；2006 年，阿里巴巴对组织结构进行重大调整，转变为集团式组织结构；2007 年，为了管理更为精细化，阿里巴巴转变为事业部形式。

2007 年前，阿里 HR 采用集中管理模式。2007 年后，阿里巴巴各分业务和关联公司都配备了独立的人力资源管理部门，同时，通过 e-HR 平台对员工档案、薪资、绩效等进行统一管理。这使阿里巴巴的人力资源管理更为系统化、规范化，同时，由信息系统高效传递信息，并自动生成各种分析报表，这将人力资源管理效率与精准性提高到了全新的高度。目前，阿里巴巴 HR 三支柱构成如下。

1. COE

COE包括组织发展部、社会招聘部、企业文化部、薪酬福利部、校园招聘部等多个组成部分。其中，组织发展部又包括平台 OD（组织发展）和业务 OD，前者主要职能为管理公司大体系、高层领导者、商业教练；后者则入驻各事业群，主要职能为管理事业群的组织架构、人力资源及推动业务复盘等。校园招聘部主要职能为管理阿里巴巴校园招聘、大学生培训等。社会招聘部主要职能为引进高级人才，并且和各事业群中的人事专员协同合作。

2. HRBP

早期，阿里将 HRBP 称为"政委"，他们是既熟悉业务又熟悉管理的复合型人才，可以为组织管理提供强有力支持。近几年，阿里几乎不再使用"政委"这一称谓，而是用人事专员。

通常，阿里巴巴一个较大的事业群会有 15 个左右的人事专员，一个大型部门分配一个大人事专员以及 3～4 个小人事专员。小人事专员的工作任务并非根据职能模块（如培训、考核、招聘、员工关系等）进行分配，而是每个人都要管理部门内二级组织单元全部的 HR 管理工作。

2015 年前，阿里巴巴各事业群客户中心下设人员发展部，该部门主要职能为对事业群组织成员进行培训，并推进企业文化建设。2015 年以后，该部门逐渐被整合到各事业群的 HR 部门。

3. SSC

SSC 的主要职能为社保、假期、公积金、合同管理等人事业务，为员工提供多种服务支持。

第二部分

实践路径篇

第五章

战略：数字化转型的设计与实施

明确数字化转型的战略定位

随着近年数字经济的稳定发展和数字技术的进步，技术、业务、产品、服务之间的联系愈发紧密，给人力资源管理活动带来了创新的机遇和空间，由此催生出的全新管理模式正深深影响着企业的生产、运营和管理。各个企业之间的人力资源管理数字化转型的实施过程和步骤大同小异，一般来说都是采用将数字化思维融入人力资源管理活动方方面面的方式来保证数字化转型的顺利实施，进而获取一定的发展成果。

1. 评估企业开展数字化转型的现实基础

准确评估当前企业内部的人力资源管理能力和业务是企业进行人力资源管理数字化转型必须要做好的前期工作，精准的评估有助于企业探寻合适的数字化转型模式和路径。一般来说，也就是企业要对自身的数字化能力、运营管理能力、基础设施资源、员工所需技能以及转型需求等进行全面、深入、准确的分析。

在已有具体的分析结果后，企业还需就自身的数字化发展理念、自主完成数字化转型工作还是要寻求合作、需要哪些技术创新、哪些能力内部即可构建、哪些能力要从外部获取、组织结构要进行哪种变革、业务流程和功能需要哪些调整、建设数字化体系需要哪些人才和资金等问题进行深度思考和讨论。

2. 制定企业数字化转型战略

企业在明确人力资源管理数字化转型的需求和问题后，要迅速确立相应的发展愿景和战略规划，紧接着还要对理念、目标、路径、投入等诸多关键问题集中规划设计并进行推进，除此之外，企业还需建立实施团队和相应的组织结构、激励机制，在体制和机制上为数字化转型提供保障。具体而言，主要有以下几项工作。

● 确立数字化战略的核心地位，积极推进行动计划和时间进程等。

● 及时发现企业在数字化转型过程中因为人力资源业务模式的创新而产生的功能变革等。

● 明确企业数字化转型所需的人、财、物、技术等关键要素，进而促进各项要素的联合重组。

● 持续培养具有技术创新、数字应用、数字化转型管理等能力的关键人才，强化员工的数字技能和数字素养。

3. 明确数字化转型的战略定位

对面临转型的传统企业而言，数字化并非百试不爽的万能良药。如果企业已有的业务与数字化技术难以进行整合、过于缺乏数字化转型所需的人才或是投入过高而回报率偏低，均有可能导致企业的数字化转型无法达到预期效果。因此，企业在进行数字化转型之初，就必须将转型所应采取的战略定位、实施路径、人才管理措施等进行明确。

作为我国水泥行业成立最早的企业之一，华新水泥凭借领先的生产规模和盈利能力成为我国传统制造业的典型代表。在数字化技术发展的浪潮下，华新水泥更是持续坚持两化融合创新发展，奠定了数字化转型的坚实基础，明确了数字化创新的战略定位。

自 2019 年开始，华新水泥加快进行数字化转型，并主要采取了以下措施。

● 组织架构方面：为进一步建设数字化上层建筑，华新水泥成立了数字化委员会，并由公司总裁担任数字化委员会主任、由业务高管担任委员。

● 人才引进方面：为了补充企业数字化转型所需的专业人才，华新水泥专门聘请精通数字化技术的人才，并让其担任公司 CDO（首席数字官）和 CIO（首席信息官），如此不仅有助于把控企业数字化转型的方向，更进一步保障了企业战略目标的顺利落地。

● 部门设置方面：设立专门的数字化创新部门，并将该部门定位为企业一级业务单元，以逐步推进企业业务的数字化转型。

虽然从形式上来看，经过改革后华新水泥的数字化组织仍然采用的是层级管理的结构，但实质上该组织的运行已经完全打破了层级边界，以企业的业务流程或具体的项目目标为核心进行构建，拥有与扁平组织一致的高效性和灵活性。

建立企业数字化人才战略

大数据、云计算、区块链、人工智能等创新技术的发展，不仅催生了大量新锐企业，也给传统企业带来了巨大的冲击。而传统企业要顺应时代趋势，就必须进行数字化转型。人才作为决定企业成长的至关重要的因素，人力管理变革自然也就成为传统企业迈出数字化转型最为首要的一步。

在数字化技术日新月异、行业竞争日趋白热化的大环境下，企业的人力资源管理必然面临着多方面的挑战。在传统企业内部，新旧人力资源管理理念之间彼此对立；在企业外部，高科技企业等新生力量所采用的人才管理模式也隐含机遇和挑战。那么，传统企业应该如何开启数字化人才管理变革之路、为企业培养一支无往不利的数字化人才队伍呢？

对于传统企业的数字化转型而言，在明确数字化转型的战略定位后，需要确立数字化转型的人才战略，如图5-1所示。以公司的发展战略为指导，建立数字化、专业化的人才培养体系。

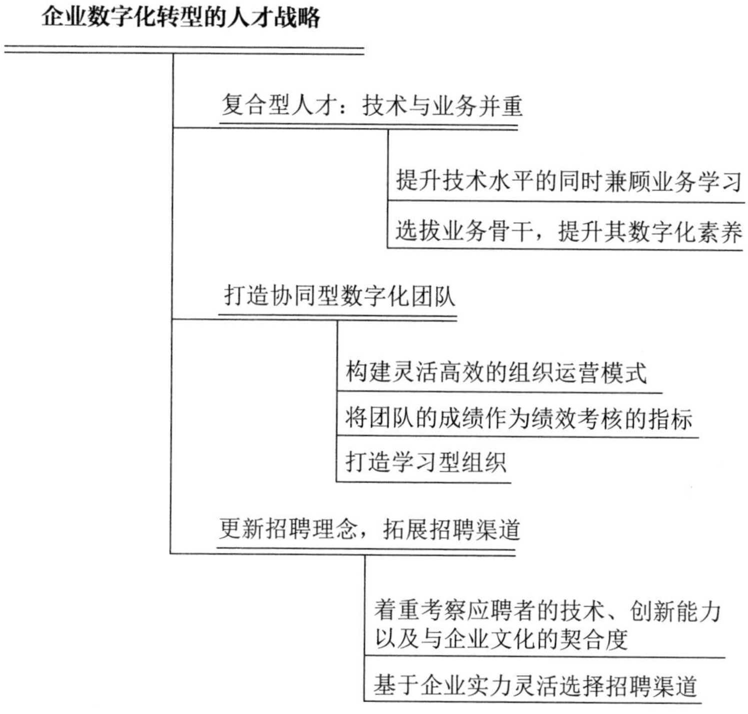

企业数字化转型的人才战略

复合型人才：技术与业务并重

　提升技术水平的同时兼顾业务学习

　选拔业务骨干，提升其数字化素养

打造协同型数字化团队

　构建灵活高效的组织运营模式

　将团队的成绩作为绩效考核的指标

　打造学习型组织

更新招聘理念，拓展招聘渠道

　着重考察应聘者的技术、创新能力以及与企业文化的契合度

　基于企业实力灵活选择招聘渠道

图 5-1　企业数字化转型的人才战略

1. 复合型人才：技术与业务并重

对于传统企业而言，如果人才仅拥有数字化技术而不了解业务，必然不利于企业的健康可持续发展。因此，企业需要的应该是技术与业务并重

的复合型人才。

在企业进行人才培养时，需要从业务视角出发，要求成员在努力提升技术的同时，兼顾对业务的了解和学习。从员工的角度来看，技术与业务并重的成长道路有利于其个人的快速成长；从企业的角度来看，在不同业务模块和技能模块各有所长的成员，也更能够推动企业的数字化转型进程。

当然，如同数字化人才需要业务的赋能外，偏重业务的人才也应该注重数字化技术的提升。企业可以选拔业务突出、学习能力强的业务骨干，通过集体培训或一对一辅导等，培养"业务＋数字化"的复合型人才。依赖具备业务与数字化复合能力的人才，提升企业的生产、运营和管理能力，才能真正为企业的数字化转型赋能。

2. 打造协同型数字化团队

在数字化时代，企业的项目建设除应该包括项目负责人员、研发负责人员和业务负责人员外，还应该包括技术负责人员。而项目建设的成果取决于这四方各自的能力以及相互之间的配合。

要打造一支协同型的数字化团队，首先应该加强团队的协同合作。因此，可以在项目建设的过程中弱化乃至消除层级、部门和组织等方面的约束，而以企业的技术平台为团队合作的基础，形成更加灵活高效的组织运营模式，实现整个组织的动态化发展。同时，为了进一步增强项目建设过程中团队的凝聚力，可以将团队的成绩而非个人的成绩作为绩效考核的指标，增强组织成员相互之间的信任。

此外，随着数字化技术的不断发展，企业在进行数字化转型的过程中势必需要不断注入新鲜血液，而这也就可能导致新老员工之间的融合出现问题。为了真正以人才管理变革带动企业的数字化转型，企业在人才管理的过程中就应该尽可能激发所有成员的优势。

比如，新成员可以凭借自己在新兴技术方面的优势带动原有成员的成长；原有成员则可以给予新成员关怀和鼓励，并帮助他们更快地适应企业的业务和文化。由于整个团队是以项目带动的，所以在新老成员不断融合的过程中，企业能够真正转变为一个学习型组织。

3. 更新招聘理念，拓展招聘渠道

基于目前数字化浪潮的大趋势，数字化人才的供需关系成为行业的普遍矛盾。领军人物可以说是"一将难求"。数字化变革的核心就在人才，但这里的人才除了是科技的专家，其实也需要是行业的专家。

由于不同企业的规模、实力等可能存在差异，因此传统企业可能配备研发团队，也可能将研发团队外包。但随着数字化进程的不断加快，企业要获得充分的竞争优势必然需要进行数字化团队的建设。而这也就需要企业在充分评估自有研发实力的基础上拓展招聘渠道，真正实现核心研发实力的掌控。

在组建企业的数字化研发团队时，需要基于企业的需要更新招聘理念，而不必拘泥于学历、资历等条件。为了获得对企业而言更具有价值的员工，企业应该在招聘的过程中着重考察应聘者是否拥有过硬的专业技术、良好的创新能力以及与企业文化的契合度。

在招聘渠道方面，企业也可以基于自身的实力灵活进行选择。除组建一支具有较强实力的研发团队外，企业还可以增加部分第三方开发人员作为辅助，比如退休返聘人员、项目兼职人员以及实习生等。与企业的正式研发人员相比，他们不仅需要较少的成本支出，而且可能拥有丰富的业务经验，能够在企业需要时解决数字化人才短缺的问题。

驱动数字化人才战略的落地

传统企业的数字化转型注定是一个长期的过程，而数字化转型人才队伍的持续建设是企业数字化转型的强劲动力。数字化人才战略的落地需要

着重注意以下三个方面，如图 5-2 所示。

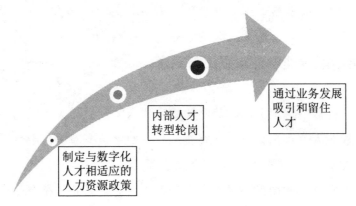

图 5-2　数字化人才战略落地的三大关键

1. 制定与数字化人才相适应的人力资源政策

数字化技术的性质决定了传统企业的数字化部门必然拥有一些与其他部门不同的特点，而如何对数字化部门进行定位和管理、怎样制定与数字化人才相适应的人力资源政策也就在一定程度上决定了企业的数字化人才管理变革是否成功。因此，企业应该从高层重视数字化转型人才队伍的建设，并落实数字化转型人才战略。

以薪酬为例，传统企业在发展的过程中往往已经形成了一套完备的薪酬体系，但由于数字化技术人才的流动性较强，如果企业的数字化部门坚持沿用传统的薪酬体系，不仅难以为企业吸引优质人才，而且极容易造成人才流失。因此，传统企业在招聘数字化人才时，可以参考其他行业的薪酬体系，并在后期根据员工的成长意愿进行薪酬调整，有效激励数字化人才的积极性，增强其对企业的认同感。提高数字化人才的薪资待遇必然会增加企业的人力成本，需要企业从自身的发展来权衡利弊。数字化的投入，除了必要的硬件设施，最大的投入就是人才。企业可以在数字化人才战略的部署上，采用短期激励（现金、福利）与长期激励（期权、股权）结合的方式，设计更为合理的薪酬办法。

2. 内部人才转型轮岗

对于传统企业而言，由于缺乏数字化基因，因此完全依靠引进外部技术人才实现企业的人才管理变革具有较大的难度。数字化技术包括 DT 数据技术、OT 运营技术、IT 信息技术等多个维度，一方面优秀的技术人才本身就极为稀缺，另一方面新的技术人才引进后需要一段时间与企业原有的团队进行融合，因此企业单纯从外部引进数字化人才并不能满足数字化转型的需要。

要构建适合企业发展的数字化人才发展体系，可以采取内部人才转型轮岗的策略。比如：将企业的研发团队发展为数字化人才培养基地，并将具有实力的人才输送到合适的岗位；实行企业的业务部门和研发部门的人员定期轮岗，培养"业务＋技术"的复合型人才等。通过多种举措促进员工的成长，形成良性的人才循环。

3. 通过业务发展吸引和留住人才

诸如员工培训、物质激励等手段虽然可以在一定程度上吸引人才，但企业对人才最根本的吸引则取决于业务。当企业的业务呈现良性增长态势、企业能够为员工提供更广阔的成长空间时，必然能够吸引更多优秀人才的加入。传统企业要实现数字化人才管理的变革，就应该坚持"以用为本"，让人才与企业共同成长。具体比如：构建学习型组织，鼓励员工进行课程开发，提升员工的学习意识和创新精神等。

HR 数字平台的建设与运营

数字平台的建设是人力资源管理数字化转型的重中之重，通常来说，企业既可以径直从企业外购入专业化服务软件等已发展到一定水平的数字平台来提升自身管理平台的数字化水平，也可以大量采集并充分利用企业内外的各类资源，仅凭自身科技部门的力量自主搭建数字平台来为数字化转型提供保障。

然而这两种方式都需要企业充分运用各项数字技术，促进多样化的硬件设施的系统、接口、网络连接协议等向标准化发展，从而在设施上支撑企业数字化转型；促进传统的软件、设备、数据采集技术、数据采集应用等向数字化发展，从而在各类设施数据上实现高效采集、传输、配置。

1. HR 数字化服务平台建设

（1）HR SaaS

HR SaaS 是一种通过融合软件服务化（Software as a Service，SaaS）与人力资源管理来向企业级用户提供人力资源管理服务的数字平台。该平台以互联网为基础提供软件订购和人力资源服务，在部署上有着极高的机动性，能随买随用，有助于企业的人力资源管理更快走向科学和标准的道路，进一步推动发票、劳动力、薪酬支付等的集中管理和业务流程的标准化。

随着企业的业务云化意识逐渐增强、降本增效需求逐渐升高、SaaS 市场入驻的资本逐渐增多，我国的 HR SaaS 市场也飞速发展。艾瑞咨询发布的《2021 年中国 HR SaaS 行业研究报告》显示，2020 年中国 HR SaaS 市场规模为 27 亿元，且预计在 2025 年达到 142 亿。

我国当前的 HR SaaS 行业主要有一体化厂商和人力资源管理单一模块厂商两种服务供应商。其中，一体化厂商的服务范围较广，涵盖了人力资源管理数字化转型的各个环节；而人力资源管理单一模块厂商则只专注于人力资源管理一个方面，以精细、深入的产品和服务为主。

（2）HRSSC

人力资源共享服务中心（Human Resources Shared Service Center，HRSSC）能作为一个独立运作的实体集中运营服务中心来引入市场运作机制，从而服务于企业内部并创造价值，从本质上来说，它也是一种基于网络信息技术的进步产生的新型人力资源管理平台。HRSSC 提高运作效率的关键在于数据的共享、标准和规范，这有助于人力资源管理更稳更快地转向信息化、数字化。

HRSSC 集中了人力资源管理各相关单元的工作和业务，实现了统一服务，与此同时还能将员工的各种问题分门别类地进行处理，确保人工服务的高质量和高效率，进而提高员工的满意度。不仅如此，标准化的流程和服务级别协议（Service Level Agreement，SLA）也能精准及时地管理系统中的员工数据。以数字绩效管理为例，该功能可以精准获取并存储员工关系和结构数据，同时可以在线上进行评价并得出评价结论，以此作为辅助员工提高绩效和搭建人才梯队的参考资料。

（3）PaaS+SaaS

一般来说，PaaS（Platform as a Service）被解释为平台即服务，SaaS被解释为软件即服务，而"PaaS+SaaS"指的是融合平台和软件进行扩展开发的新型人力资源智慧管理系统。PaaS+SaaS 模式将 PaaS 作为云端开发平台提供应用开发组件，高效满足个性化、规模化的产品和服务需求；同时将 SaaS 作为运作平台提供互联网 Web 2.0 应用和企业应用（ERP、CRM 等），高效满足标准化的产品和服务需求；除此之外，还会借助硬件、开发库、编程语言等继续进行二次更新和迭代。

PaaS+SaaS 模式下的企业人力资源管理数字化转型可以借助数字技术追踪完善人力资源管理业务的实际运行，并以业务场景和任务目标为中心全方位更新组织和工具体系，搭建全新的人力资源组织架构体系，在高效的数据分析的基础上快速提高人力资源管理效率，推动企业数字化转型。

2. 实施业务数字平台的管理和运作

HR 数字化转型的重要价值在于，通过借助高效管理运营数字平台，大幅提高企业内部的活动效率和效益并有效连通企业外部的市场。那么，要如何管理并运营好人力资源管理数字平台呢？企业必须做到统一集中规划、存储和管理人力资源业务数据，同时构建算法库、模型库、工具库等共享业务系统数据，利用大量互通的数据资源实现数据应用的创新发展。

总而言之，实施业务数字平台的管理和运作就是充分利用数字技术采集大量数据，分析归纳出其中有价值的数据信息将其存储进人力资源数据库中便于以后继续深入挖掘和分析。以员工个性化标签为例，该标签中包含了员工的个人成长、工作状态、学习培训情况等各项信息，企业可借助数字技术预测和评估薪酬平均水平、员工的竞争力水平、人力资源配置水平、职业规划与培养等人力资源方面的各项数据，从而有针对性地进行战略决策。

3. 创造内部人力资源管理数字场景

企业实现人力资源管理数字化转型后，能够通过可视化的数字场景实时获取企业目前的人力资源管理情况，从而及时察觉并控制潜在风险，精准预测近期的员工业绩和表现。

总而言之，创造内部人力资源管理数字场景就是以数字化技术为工具，以业务场景和任务目标为中心，以组织和业务流程方面的特点为依据，实时追踪、管理、升级人力资源管理运营现状，助力人力资源数据的全方位分析。以模型数据在人力资源管理领域的应用为例，借助模型数据可生成每个具体岗位和员工从前期招聘、录用、培训、转正到后期考核和晋升整个流程的数字画像，并根据新的数据持续完善更新，进一步支撑各数字化场景中的决策，推动人力资源管理走向科学化、精准化。

4. 打造人力资源管理数字生态体系

人力资源管理数字化转型不仅要做到精准分析预测员工行为和工作内容等数据，还需充分利用人力资源活动中那些有价值的数据来帮助企业更快地构建起人力资源管理数字生态体系。

例如，借助大数据、云计算、物联网、人工智能、移动互联等新一代数字技术把所有涉及人力资源的行政事务性工作（薪酬核算、员工招聘、福利发放等）集中到人力资源管理系统当中，利用信息平台实现服务、产品、业务流程、用户体验、商业模式等方面的革新，进而激活新技术、新业态、新产业、新模式。

总而言之，构建企业内的人力资源管理数字生态体系，全面控制从人力资源配置、合同签署、技能培训、员工管理到用工咨询的每一个环节，实现服务闭环和全过程可视化，从而及时洞察分析存在的问题，提升服务的规范性和效率，在一定程度上保证企业战略的实施成效，促进企业持续发展。

HR 数字化转型的效果评估与优化

人力资源管理数字化转型是不断迭代升级的过程，企业要对这个过程中各个环节产生的效果进行实时评估，以此来维持预定的转型目标和方向。在进行数字化转型效果评估时，可以从创新效益、经济效益和社会效益三个角度入手，如图 5-3 所示。

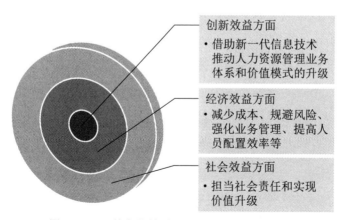

图 5-3　HR 数字化转型效果评估的三个角度

① 在创新效益方面，重点在于企业借助新一代信息技术推动人力资源管理业务体系和价值模式的升级，分析评估价值体系是否已实现优化和创新，核心技术创新能力是否得到了提高，创新成果产业化方面是否取得一定成效等。

② 在经济效益方面，重点在于减少成本、规避风险、强化业务管理、提高人员配置效率等借助数字化升级获得的经济收益。

③ 在社会效益方面，重点在于担当社会责任和实现价值升级，如创造就业机会，吸纳劳动者就业等，并为各个生态体系的优化升级提供一定的保障。若未达成该效益目标，则要马上做深入分析，找出实施时产生的差错并建立纠错机制及时改正。

近年来，数字技术迅猛发展，依托于数字技术的数字经济也已全面融入社会各领域，深刻影响并改变着社会经济生活，为经济社会各产业领域的发展提供新动能。在国际金融论坛第 18 届全球年会上，原中国保监会副主席周延礼表示：数字经济已成为当前最具活力、最具创新力、辐射最广泛的经济形态，是国民经济中的核心增长极之一。

随着 5G、大数据、云计算、物联网、人工智能等新一代信息通信技术在各个领域的广泛应用，社会逐渐步入万物智联时代，人力资源管理也转变为拥有全面感知、可靠传输、精准决策、智能处理功能的数字化模式，充分利用数据资源、数字技术和现代化的信息网络，不断推进人力资源管理走向数字化、智能化。

在未来的发展中，人力资源管理数字化转型要主动跟随未来的数字化发展趋势，不断加快创新发展的步伐，找准自身在数字时代的功能定位、转型方向以及创新升级的方法和途径，最终凭借企业发展的全新驱动力不断升级，在市场竞争中赢得一席之地。

第六章

组织：构建面向未来的组织架构

驱动组织变革的关键因素

新冠疫情对线下实体经济带来了巨大的冲击，但同时也让不少企业暴露出了一些隐藏问题。面对复杂的疫情和经济发展形势，我们既要做好应对冲击的准备，共克时艰，把疫情造成的损失降至最低；同时也不能忽视新一轮科技革命和产业变革浪潮带来的影响，要从长远发展的角度进行顶层设计和战略谋划。因此我们必须要尽快找到能支撑和促进我国经济长远发展的变革方向，而无边界、数字化组织的变革正是我们所探寻的变革方向。

从劳动和劳动力的角度来看，不同的劳动力安排会形成不同的组织形式，在劳动和劳动力的影响下，组织形式将变得更加丰富多样，工作岗位也会因灵活用工而更具组织性和协作性；从市场环境和技术的角度来看，组织设计者的关注点受市场环境和信息技术的影响，组织变革的方式会随着二者的变化而变化，进而让组织能迅速适应环境变化，更好地面对数字化的劳动力生态。

影响组织变革的关键因素有以下几点，如图 6-1 所示。

社会变革与组织形态的演变　　　　　　组织用工形式的改变

组织变革

劳动力的多元化与差异化　　　　　　技术变革与数字化手段

图 6-1　影响组织变革的关键因素

1. 社会变革与组织形态的演变

由于市场环境具有极大的复杂性和不可预知性，因此组织设计不能盲目要求高效，而是要不断强化对环境的适应力。强管控式的科层组织是工业时代的产物，无法满足移动互联网时代在组织管理方面的需求，未来的组织形式将基于项目单元向多边力量均衡发展。人的工作目的也会发生变化，经济利益不再是唯一目的，是否具有相同的价值目标成为越来越多人才进行工作的重要参考。

人才与企业的关系已不仅仅是传统的雇佣关系，与管理层的关系也不只是上下级，人际关系网络也变得更加复杂，这在很大程度上推动了组织的横向管理、集体合作、资源共享。图 6-2 所示为组织形态的演变历程。以当前的互联网企业中的网络型组织为例，采用这类组织形态是为了强化组织对环境的适应力，以开放生态的方式促进共生成长。

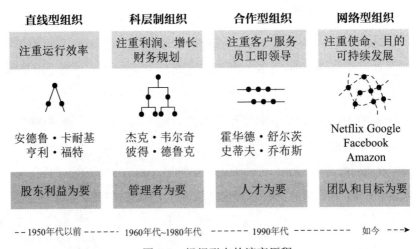

图 6-2　组织形态的演变历程

2. 劳动力的多元化与差异化

当今社会，日益开放的市场、退休年龄的延迟、不断变化的思维观念以及人口迁徙造成的劳动力转移都让人才市场产生巨大变化，全球化、多代际、多民族、女性比例升高等特点正逐渐显现出来。这导致组织的管理政策、薪酬福利、行为准则、工作设计等逐渐变得弹性化、差异化，因此组织的包容性和多样性也必须随之提高。

3. 组织用工形式的改变

随着移动设备和通信网络的发展，工作逐渐走向虚拟化，不再受时间、地点等因素的限制。跨界合作和社交网络不但提高了组织能力，也扩大了组织边界，推动了零工经济时代的到来。由于用工形式越来越多样，在工作计划上，工作方式逐渐优先于人员配置。组织在确定工作目标后可以灵活用工，既减少了用工成本的支出，也优化了企业的人力资源配置，让人才参与到更具创造性和独特的工作中，进而实现人尽其才。

4. 技术变革与数字化手段

物联网、机器人、无人车、人工智能等数字技术和数字设备将改变劳动力生态，提高灵活、分散、即时的劳动力对业务重构的适应速度。组织和人才将借助流程自动化来应对市场变化和技术升级。虽然大数据、人工智能、算法等科技手段能够代替人来完成部分工作，占据了部分工作岗位，但也在人机协作领域催生出许多新岗位。组织和人才不仅不会抗拒人机协作，还将不断进行设计和创新，升级人机交互界面。

激活个体与组织的共同价值

在数字时代，组织与人才之间关系密切，组织的重构、转型和发展深刻影响着人才管理模式。工业时代管理者的工作主要集中在组织、计划、协调、指挥和控制上；而数字时代的管理者在工作时要身体力行，吸引团队成员，在管理时要带动团队成员，持续为其赋能，而不再需要指挥和控制。

进入数字化时代后，人才管理从传统的自上而下的管理模式逐渐转变为多样化的自组织和自管理模式。企业也要随之在制度和流程上进行革新，让管理更有效地激发和赋能团队创新，在考核方法上也要完成由原本的自上而下的关键绩效指标法（Key Performance Indicator，KPI）向自下而上的目标与关键成果法（Objectives and Key Results，OKR）的转变。

总而言之，就是变管理为服务，让管理服务于业务，服务于人；变管理为赋能，让管理激活组织、激活个体，打造注重解决问题、创造价值、创新发展的企业文化。尤其是在人口红利逐渐消退的今天，Z世代逐步成为劳动主力，管理者需要有"仆人式"心态，用威信与魅力来引领团队，而非依靠权威与手中资源来掌控团队。

企业实现从控制到赋能需要在效率、价值和人才三个方面做出彻底改变。首先，效率的提高依赖于高效协同，而非分工和控制；其次，价值的创造依赖于有效激励，而非绩效考核；最后，人才的育留在很大程度上会受到企业文化的影响，融合全新的文化有助于留下更多富有创造力的优秀人才。

数字化时代的企业若想有更好的发展，就要在企业的人才管理中积极优化组合，并激活个体和组织。其中，激活个体能让每个人都发挥出最大的潜能，有助于人才快速成长，从而创造出更大的组织价值和个人价值；激活组织能够使组织焕发内部活力，吸引到更多优秀人才，组建更好的团队快速达成组织目标。只有充分认识到组织和个体之间的关系，并对二者进行组织和激活，才能招揽更多人才。

若要激活组织，管理者就必须先打破传统组织架构内部的平衡，再建立适用于当前和以后的新型业绩考核方式和激励模式，最后以员工为工作主体，充分发挥个体的主观能动性。

在数字化时代，组织将为组织中的每个成员赋能，让每个组织成员都拥有创造价值的平台和机会。

这时的管理者只需要完成授课、实现上下同频、打造透明化信息系统、建立完善的沟通机制和设置多个可能性岗位五个任务，进而实现企业内部对发展战略认知一致，企业发展上下一心，降低沟通成本，提高员工的工作积极性。

企业的人力管理不仅要实现从控制到赋能的转变，还要在员工能力上实现从胜任到创造的升级。员工能力从胜任岗位提升到富有创造力的关键是为员工提供更多元的角色。传统式企业分工明确，员工角色单一固定，缺乏自主发展的空间，而现在的互联网企业常常模糊了原本固定的角色边界，员工又有更多新角色，而拥有新角色的员工通常会为了这个角色更加努力、用心地工作，在提升自身能力的同时也为企业创造出更大的价值。人力资源管理者此时最重要的工作莫过于为员工赋能和规划职业成长路线。

从标杆学习到知识内化

许多企业在管理中热衷于"向标杆学习"，例如向海尔学习、向华为学习等，尤其是随着各种企业游学项目热度持续走高，有越来越多研究标杆企业的顾问和标杆企业的高管开始作为讲师开展课程培训活动。

然而许多企业在进行标杆学习后并未获得相应的实际应用能力，学习效果难以达到预期。那么，是什么限制了标杆学习的效果？关键因素有两点，如图6-3所示。

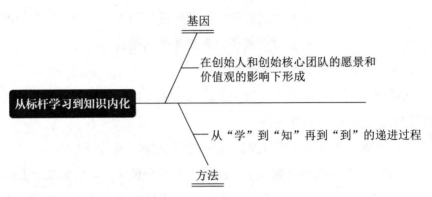

图 6-3 限制标杆学习效果的关键因素

1. 基因

几乎所有的成功企业背后都有独特的企业文化"基因"，且这种"基因"是在创始人和创始核心团队的愿景和价值观的影响下形成的。企业的员工水平、体系制度等各个方面的组织能力是标杆企业成功的关键。对于开展标杆学习的企业来说，模仿标杆企业的产品是可以轻松实现的，模仿对方的战略稍显困难，模仿组织能力则困难重重，而模仿企业文化那几乎是不可能完成的任务。

2. 方法

大多数培训和游学项目只对经典概念、论点模型以及标杆案例进行讲解，参加这些课程的人即便进行了知识上的扩充，也只是学习了标杆企业在管理运营上的一点"皮毛"，并未进行深入本质的探索和分析，更没有根据自身企业现状去进行实际的研究、调整、应用、反馈、复盘、纠偏和再研讨等。

大多数培训都属于面向广大企业的公开课演讲式的培训，这些培训课程的讲师通常凭借自身优越的演讲口才和浮夸的语调吸引听众的注意力，并引用一些新兴的概念、模型或新奇的案例调动现场听众的情绪，让参加课程的企业家们当时自以为已经学习到许多新知识、新理念，但到真正的实践中才发现自己并未获得应用这些新知识的能力，培训效果也就大打折扣。因为这些企业家缺乏对这些概念中的商业逻辑的深入理解，所以难以将知识内化到自己的思维模式和行为方式当中去，也就无法进行有效的实践应用。

有效的管理能够提高绩效，与此同理，有效的学习也要能产生行为的改变和结果。全面的改变是一个从"学"到"知"再到"到"的递进过程，实现这种递进需要大量的知识储备、多次反复实践和深入思考，是一个旷日持久的系统学习过程。

● 学：广泛学习、吸纳知识，并在各种信息和知识之间形成链接，从而构建出结构化的知识框架。学习的初期要先打牢基础，有了扎实的基本功后才能实现创新。

● 知：建立一套具有自身特色的思维体系，并在倾听、观察、实践、反思中搭建新的心智模型。

● 到：对企业当前的实际情况进行分析，并根据分析结果制订具体可实施的行动计划，按照需求和实际情况去实践才能呈现出最佳学习效果。

构建赋能型组织，激发员工潜能

传统管理者往往在工作中控制下属和员工，忽视对人的培养，只是行政指令的传达者，但没有任何一个具有思考能力、创造力和自动自发精神的员工甘心处于这种管制之下，大多员工更希望处于一个能够释放潜能，获得自我提升的组织当中。因此，管理者必须改变管理方式，切换自身角色定位，从传统型管理者转为教练型管理者，成为能顺应潮流和组织变化、不断为员工赋能的新时代管理者。

数字化时代的管理者既要实现从管理向赋能的转变，不断激发员工的潜能，也要依据年轻员工的思维方式和价值观，为其全力打造一个能充分发挥潜能的平台，还要让企业文化在实用的同时变得更有趣、更具吸引力。例如，部分网络游戏公司将游戏与管理相融合，采用"游戏式管理"的方式来进行项目管理和绩效考核，不但有良好的管理效果，还打造出了独特的企业文化。

赋能并非近年才出现的观点，早在 1959 年，彼得·德鲁克就在《明日的里程碑》一书中提出"知识工作者"这一前沿概念，并提到"自我管理"一词，指出每一位知识工作者都是管理者。彼得·德鲁克将自我管理分为四种，如图 6-4 所示，分别是自我衡量的目标管理、分权体制的创新管理、积极引导的协助式管理、适应组织多元化的学习成长型管理。

图 6-4　自我管理的四种类型

重视人才的高科技企业对赋能概念有着更高的认可度。这类企业中往往有大量创意精英，企业为其提供良好的工作氛围，让他们充分发挥创造力，快速洞察客户需求，在轻松愉悦的氛围中精准地创造出符合客户需求的产品和服务。

当前越来越多的企业开始将"赋能"付诸实践，并随之衍生出新的管理模式。例如，海尔的"人单合一"、稻盛和夫的"阿米巴经营模式"、通用电气的"无边界的组织"、韩都衣舍的"产品小组制"、全食超市的"基层团队自治"，这些管理模式的本质都是赋能。

赋能既指通过提升认知、技能和改变态度，给予每个人更大的发挥能力的空间，也指通过改变所处环境，激发每个人的最大潜能，从而让组织中的每个成员都有更大的收获和更好的表现。赋能逐渐成为数字化时代人才管理领域的潮流，谷歌创始人拉里·佩奇也曾说："未来组织最重要的不是管理与激励，而是赋能。"

1. 外部环境

在数字化时代，管理者与员工之间已不再是下达指令和执行到位的关系。在 VUCA（VUCA 是 volatility、uncertainty、complexity 和 ambiguity 的首字母组合，指环境的易变性、不确定性、复杂性和模糊性）的环境下，由于一线员工与业务有着更为密切的接触，因此他们手中往往掌握着一些即便是管理者也没有的信息。正如任正非曾说的"让听得见炮声的人来决策"，因此要积极赋能每个员工，让每个员工都具备在复杂环境中独立决策的能力。

2. 工作性质

人工智能将人力资源从烦琐的重复性劳动中解放出来，但人工智能却仍旧无法胜任教授、设计师、心理导师等以创新创造为主要内容、以人脉为导向的职位。由于这类人群的工作具有极高的不可替代性，从某些层面上来看，他们往往拥有比管理者更高的权力，因此，为了创造更大的价值，管理者必须在工作中为其服务，并不断赋能。

3. 分工到协同

由于在传统的流水线工作中分工是至关重要的，因此管理者必须做好计划、组织和控制；而在数字化时代的工作中，组织内外的协同合作才是员工最大限度创造价值的保障，因此管理者必须做好协调和赋能，这将促进每个个体发挥最大潜能，并将创造最高效益作为工作的重中之重。

数字化时代的企业会借助线上工具简化制度和流程，并确立以客户为核心的绩效考核制度，让企业管理真正实现以赋能代替控制。

由于风险管理是传统的人力资源管理中最为关键的一环，因此大多数跨国企业为了最大限度地规避人事变动带来的负面影响而对企业的制度和流程作出了严格具体的规定。但严苛的制度和流程不利于企业的创新发展，若要焕发整个组织和个人的生命活力，就必须对制度和流程进行合理简化，将客户需求和产品创新作为工作中的重点。企业的人力资源管理要在企业和员工双方互相信任的前提下将控制模式转变为赋能模式，从而充分激发个体的善意和潜能。

数字化时代的组织变革之道

组织变革是一个漫长而复杂的过程，必须以深入分析目前环境和企业实际情况为前提来设计方案、分步实施。企业要以组织设计和变革为依据，综合考虑流程、人才、管控、文化建设、绩效激励、共享服务平台等多重因素，建立适用于自身业务的组织与管理机制。

企业要根据所处行业和企业本身的特点做好长期的发展规划，聚焦重点，在组织变革过程中要充分考虑以下几个关键要素，如图 6-5 所示。

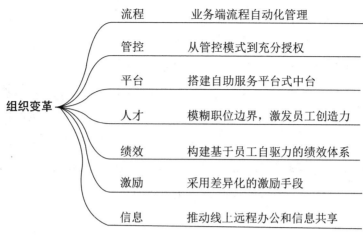

图 6-5　组织变革过程中要考虑的关键要素

1. 业务端流程自动化管理

业务端流程自动化是制造业企业实现长期高质高效发展的必经之路，去中心化、自我驱动的管理模式也是创意产业和知识密集型产业顺应发展的产物，这类企业通常会根据优秀人才的位置设置办公场所，利用数字技术和协同办公工具实现不同地区，甚至不同国家团队之间的信息同步和工作协作。

2. 从管控模式到充分授权

集团管控时期的"母子关系"式管理已无法满足当前市场环境对管理的需求，若继续采用这种管理模式可能会导致管理僵化，偏离市场竞争要求。在未来的组织中，工作场景将逐渐变得分散，企业总部要信任下属、大胆授权，通过关系的转变为其赋能，改变自身角色定位，专注于对下属机构开展业务指导、总结各阶段的进度、协调各个项目的资源、确立并剖析团队短中期的目标和任务等工作。

3. 搭建自助服务平台式中台

企业在创业初期要尽量以最快的速度抢占更多的市场和时间，这个时期的主要矛盾是速度。但当主要矛盾变为协同提效时，企业必须加倍重视对"敏捷前台＋自助服务平台式中台＋精简后台"的开放型组织的搭建，这需要前台业务端按需取件并组合各个组件，最终打造出一个完整的组件化自助服务式的中台组织。虽然这种模式在灵活性上稍有欠缺，但却能够有效避免重复建设，破除数据壁垒，让效率得到大幅提高。

4. 模糊职位边界，激发员工的创造力

职位管理系统能在一定程度上帮助企业维持稳定发展，但存在缺乏灵活性且限制员工发挥创造力的缺陷。传统"三定"（定岗、定编、定责）原则也不利于企业及时适应市场变化，明确的职位边界也导致了组织僵化。企业要尽快转变人与组织的关系，将传统的契约关系转化为平等的联盟关系，还要建立角色管理系统，破除部门、职位、职级的制约，通过提高员工创造力来顺应组织变革趋势，增强企业竞争力。

5. 构建基于员工自驱力的绩效体系

自我驱动的员工是实现敏捷组织和分散式管理的必备因素。基于员工自驱力的绩效管理体系要求企业既要重视绩效目标，深入分析目标可行性，完善目标调整机制，也要及时选用 MBO（Management by Objectives，目标管理法）、OKR 等能够增强员工自驱力的绩效管理工具。因此，企业要提高信息传递系统和机制的透明性，以便快速反映数据、状态和进度。

6. 采用差异化的激励手段

企业可基于合理的薪酬结构，根据不同的人员类别分别实行各种差异化的激励措施来有针对性地激励员工，例如打造合伙命运共同体、激励"火车头"（向最优秀的员工发放明显高于其他员工的薪水）、战略奖金激励机制、长期激励机制、奖金余留激励机制等激励手段。

7. 推动线上远程办公和信息共享

线上远程办公能在一定程度上为企业在疫情期间的运营提供支持，未来，这种工作方式可能会成为常态，企业可继续进行线上远程办公，利用协作办公工具加强内外沟通，提高自身的分散管理能力，在足不出户的情况下完成业务和工作。

但由于一些小团队在工作过程中可能会因缺乏全局视角做出利于团队但不利于公司的决策，因此公司还应增强信息透明化程度，便于小团队和员工明确各个目标之间的关联，以自下而上的方式解决问题。受新冠疫情影响，大量企业开始重点关注数字化组织建设，但组织的数字化转型不仅仅是简单地使用大数据、人工智能、机器人流程自动化（Robotic Process Automation，RPA）等数字工具和数字技术，还要制定整体的数字化转型战略，探寻数字化对业务转型的意义。

第七章
中台：打造企业 HR 数字化能力

HR 数字化中台架构与设计

"中台"这个概念源于阿里巴巴提出的"大中台，小前台"战略，而阿里巴巴这个战略的灵感来源于一家芬兰的游戏公司——Supercell。这家公司只有 300 名员工，却接连不断地推出爆款游戏，原因就是该公司设立了一个强大的技术平台，为游戏研发团队解决了最关键的技术问题，让他们可以毫无后顾之忧地进行游戏创新。

借鉴 Supercell 的这一做法，国内大中型互联网公司以及科技公司纷纷开始尝试中台，并基于中台对企业的组织结构、部门设置、技术架构进行调整。在此形势下，人力资源管理部门也要做出相应的调整，以中台支撑前台，切实提高企业运行效率。

1. 中台战略：企业数字化转型利器

追根溯源，"中台"最早出现在军队中，可以以灵活、高效的方式为一线作战部队提供强大的炮火支持。对于企业来说，中台的主要功能在于可以提取公司的共性需求，以抽象的方式对这些需求进行概括，打造平台化、组件化的系统能力，然后以组件、接口的形式开放共享，让企业在遇到问题时可以快速调用各种资源，制定解决方案，高效地解决问题，为业务创新、业务迭代提供强有力的支持。

在企业内部，中台一端可以连接灵活的前台，一端可以连接稳定的后台，打破企业各部门之间的隔阂。中台以企业的基础服务能力为基础，利用后台的技术手段，为前台提供可以重复使用的技术与能力，支持前台快速迭代。简单来说，中台就是一个数字能力共享平台，可以借助统一的标准与流程规范，打通企业的各项业务，促使各类资源相互协作，实现信息共享。华为任正非提出的"放弃集权式的管理，让听得见炮火的人来指挥战斗"就是典型的中台战略。下面对前台、中台和后台的功能进行具体分析。

① 前台：HR 领域的前台主要负责员工招聘、员工培训、员工关系管理、薪酬管理、绩效考核等事宜，相关人员需要与员工直接沟通，发现问题、解决问题。

② 后台：公司的后台就是各种管理系统，例如财务系统、内部管理系统、人力资源系统等，而 HR 领域的后台主要包括招聘系统、绩效考核系统、薪酬管理系统等。

③ 中台：公司常见的计算能力、技术能力、数据能力、业务能力、研发能力等能力对应不同的中台，例如计算中台、技术中台、数据中台、业务中台、研发中台等，各个中台又可以提供不同的服务。

过去，随着业务不断拓展，业务规模不断扩大，企业会不断地构建新系统，这些新系统往往彼此独立、相互隔绝。为了促使这些系统共享数据，对各项业务进行协同，企业必须投入大量时间与精力打通这些系统。而在中台的支持下，企业可以将重复建设的系统拆分成三层结构，即小前台、稳定的中台和强大的后台。其中，前台要小，以实现快速迭代；中台要储存大量通用能力，以快速响应前端用户需求；后台要稳定，无须追求迭代速度。

这个三层结构可以进一步简化为"小前台、大中台"，以便更敏捷地响应员工的个性化需求，更好地为员工服务。

2. HR 中台建设的技术框架

HR 中台包括 HR 业务中台、HR 数据中台和 HR 技术中台，如图 7-1 所示，其功能具体分析如下。

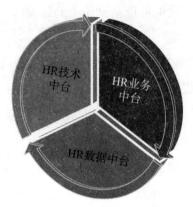

图 7-1　HR 中台的组成部分

（1）HR 业务中台

HR 业务中台可以对企业的 HR 软件系统进行抽象设计，以"搭积木"的方式，利用现有的软件组件对 HR 软件系统进行组合，快速开发出新的软件系统，以降低软件系统的开发成本，快速满足 HR 业务对软件系统的需求。

（2）HR 数据中台

HR 数据中台聚焦的是如何从 HR 业务规则与数据产品层面对 HR 数据进行治理与应用，关注的是 HR 数据治理、数据产品体系构建以及数据底层结构搭建的问题，需要构建大数据底层能力，创建 HR 数据仓库，制定统一的 HR 数据规范，对 HR 数据进行编码管理，对元数据进行统一管理，保证数据安全。

（3）HR 技术中台

HR 技术中台聚焦的是如何对各个功能组件进行重复使用，在设计 HR 软件产品可以抽象复用的架构时，融入 HR 业务逻辑上的特殊要求，因此其设计思路与 HR 业务中台非常相似。这就要求设计人员在设计 HR 技术中台时，要先了解 HR 业务中台的设计思路与设计理念。

3. 中台模式对 HR 的挑战

中台模式为 HR 带来了一定的挑战，这些挑战主要集中在两个方面。

① HR 要创新思维模式。在中台模式下，HR 要跳出六大模块以及三支柱的管理思维，提高预见性。也就是说，中台 HR 不能仅满足于当下问题的解决，而是要多思考未来，例如现行的某种政策或制度能否满足未来的业务需求？未来如果出现新业务是否能够复用？为了实现复用需要做哪些调整？

② 与 HRBP 协作难度增加。有了中台之后，HRBP 可能需要在与部门沟通与协调方面投入大量时间与精力，这就要求 HRBP 拥有强大的沟通、协调与协作能力。中台 HR 除了需要做好部门沟通之外，还要为很多业务提供解决方案，需要强大的逻辑思维能力对不同的需求进行整合，发现其中的共性需求，形成一个通用的解决方案，与 HRBP 充分协作。这就要求 HR 既要具备沟通协作能力，又要具备逻辑抽象能力。对于 HR 来说，这两项能力的获取并非易事，但面对数字化组织变革，必须要积极学习，拥抱变化。

中台战略下的 HR 三支柱变革

目前，大中型企业建设 HR 三支柱已经成为必然趋势，在这种架构下，HRBP、SSC、COE 分别扮演了前台、中台和后台的角色。但在具体实践中，这三个角色都面临着一些问题。

● HRBP 的工作面临着两大难题，一是 HRBP 忙于基础事务，致力于满足业务部门的需求，但无法为业务发展提供真正的支持；二是 HRBP 经常被业务部门忌惮，不仅无法发挥应有的价值，甚至很难在公司生存。

● COE 经常被业务部门视为政策的控制者，纯粹的官僚机构，不了解公司的业务，无法为业务开展提供有效的支持。

● SSC 虽然借助一些先进技术提高了工作效率，但仍然只是做一些基础性的服务工作，其价值无法得到充分发挥。

面对 HR 三支柱在应用过程中遇到的问题，中台模式为其提供了有效的解决方案。以阿里巴巴的"大中台，小前台"为例，这种模式与"前台、中台、后台"的模式不同，"大中台"兼具了中台和后台的功能。按照"前台、中台、后台"这种三段式的结构，HRBP 相当于前台，SSC 相当于中台，COE 相当于后台，但在"大中台，小前台"模式下，COE 与 SSC 一起融入了中台，形成了"大中台"的概念。

为了适应"大中台，小前台"这种架构，HR 三支柱的工作重心发生了一定的改变，具体分析如下，如图 7-2 所示。

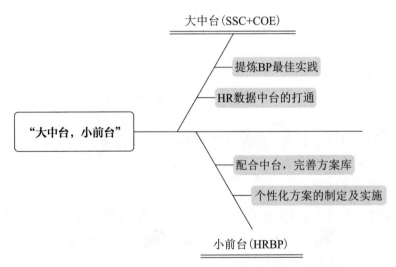

图 7-2　"大中台，小前台"架构下 HR 三支柱的工作重心

1. 大中台（SSC+COE）

（1）提炼 BP 最佳实践

大中台集成了 SSC 与 COE 两大角色，以 COE 为主导，通过 HRBP 与 SSC 相互配合，发现各个业务部门的前台需求。通过对这些需求进行分析，提炼出共性需求，形成一种可以为多个业务场景服务的解决方案，提高解决方案的通用性，减少方案的重复建设。同时促使解决方案实现组件化、模块化，在接收到业务需求之后能够快速组合成有效的解决方案，不用每次都重新规划、制定解决方案。想要做到这一点，HR 必须具备强大的业务需求解读能力、方案整合能力以及跨业务团队沟通协调能力。

（2）HR 数据中台的打通

HR 数据中台的打通，首先需要 SSC 提高数据分析能力，建设标准的数据架构以及应用服务，打造数据中台，将数据价值释放出来；其次要打破各业务部门之间的障碍，坚持"数据共建共享"理念，根据需要对数据进行挖掘应用，为企业决策以及各业务部门决策提供有效支持。

2. 小前台（HRBP）

（1）个性化方案的制定及实施

HRBP 在保留原有职能的基础上转向业务场景，在确认中台提供的共性需求解决方案无法满足业务需求之后，为业务部门定制个性化的解决方案。小前台最大的优点就是灵活、敏捷，让 HRBP 可以充分利用大中台积累的各种案例与方案，无须为相同或者类似的服务制定解决方案，实现解决方案"即取即用"，极大地减轻了 HRBP 的工作负担。

（2）配合中台，完善方案库

HRBP 需要调整思维模式，需要根据业务部门的实际需求为其提供解决方案。为此，BP 应该与中台建立紧密联系，了解中台的需求，为中台贡献更多优秀的方案，不断充实、完善中台的方案库。

HRBP 在有针对性地为业务部门提供解决方案时，要配合中台对该方案的可行性与通用性进行评估，判断该方案是否适用于其他的业务场景、能否形成标准化的服务、如何实现标准化等。

总而言之，中台战略下的 HR 三支柱变革需要 HRBP、SSC 和 COE 密切协作。为了增进核心人员对各个岗位的理解，让核心人员能够真正站在各个岗位的角度理解业务，对自己能够发挥的作用进行评估，增进彼此之间的沟通与协作，企业可以采取岗位轮换制度。

基于数据中台的 HR 业务场景应用

进入数字化时代以来，不仅企业发展面临着种种困难，人力资源管理也迎来了很多挑战。为了更好地应对挑战，企业的人力资源管理部门要积极利用大数据、云计算等技术整合企业的人力资源数据，对数据进行深入挖掘，从中获取有价值的信息，为管理决策、HR 业务创新以及服务变革提供强有力的支持。

近年来，数据中台逐渐成为人力资源数字化转型与变革的一种重要工具。那么，在人力资源数字化建设的过程中，数据中台可以应用于哪些业务场景？数据中台如何为人力资源数据挖掘、人力资源决策分析赋能呢？

1. 传统人力资源数据分析难题

传统的人力资源数据分析是以数据仓库为依托实现的，已经无法满足预测分析、主动分析以及实时分析的业务需求。

随着企业积累的人力资源数据越来越多，数据良莠不齐的问题愈发严重，传统的数据分析方法已经无法满足数据整合、挖掘、分析需求。再加上传统的数据分析功能大多是由数据仓库、BI 产品组合支撑的，容易出现很多问题，包括前后台功能不均衡、产品的兼容性较差等。其中，前后台功能不均衡主要表现为后台建模能力比较强，而前台展现能力比较差，或者建模能力与 BI 工具丰富的展现能力存在错位。引入数据中台之后，企业可以利用数据中台搭建数据组织，同时推进数据建模、数据治理、数据管理、数据服务等业务，解决传统数据分析方法在使用过程中面临的各种问题，切实提高数据分析质量与效率。

2. 何为数据中台？

数据中台是利用大数据技术对积累的数据进行挖掘、使用，将数据转换为极具价值的资产，并借助共享模式充分发挥数据的价值，满足各个业务场景的需求，将生产、消费、再生产等环节联系在一起，形成一个完整的闭环。

从技术架构来看，数据中台的功能主要包括数据采集、数据计算、数据存储、数据建模和数据应用；从研发、运维以及公共服务的角度看，数据中台的功能主要包括离线开发、实时开发、数据资产、任务调度、数据安全和集群管理。

数据中台可以对数据进行智能分析，将数据分析结果以报表的形式呈现出来，实现数据可视化。它支持用户根据自身需求创建数据模型，进行即席分析，为企业的数字化、智能化转型提供强有力的支持与助力。

借助智能中台这种强大的数据智能分析能力，管理者可以便捷地获取所需数据，对数据进行有效治理，将数据以各种各样的形式呈现出来，对数据进行深入挖掘，充分释放数据的价值，通过数据掌握企业的运营状况，为精准决策提供科学依据。

除此之外，智能中台的功能还有很多，可以对主流关系型数据库、领域业务元数据、文件数据等各种来源的数据进行管理；支持创建数据模型，绘制分析卡片、仪表板、自由报表，进行数据填报、消息推送、订阅报表、分享报告等，构建"开箱即用"的智能分析，支持用户按照自己的需求设计个性化图表。

作为数据分析、数据价值挖掘的重要平台，数据中台在人力资源管理中发挥何种价值？如何借助数据驱动人力资源管理业务发展呢？

● 数据中台可以对人力资源业务场景的各种数据分析需求进行综合考虑，还能根据用户需求将数据分析结果以不同的形式展示出来。

● HR 数据中台可以预设人力资源主题分析模型、常用分析维度和指标，开发一些通用的模型，实现分析模型的"开箱即用"，减少模型的二次开发。

● 在数据中台的支持下，用户无须编程就可以快速设计图表，对模型的功能进行无限拓展，降低模型的运维成本及使用门槛。

人力资源管理想要实现数据驱动业务发展必须满足两个前提条件：第一，HR 业务数据质量比较好，有挖掘、利用的价值；第二，HR 在业务工作时的数据获取和分析难度比较小，加工成本比较低。数据中台恰好可以解决这两个问题，一方面，数据中台可以保证 HR 业务数据的质量，另一方面，数据中台的智能分析功能可以从多个维度对 HR 数据进行分析，让 HR 数据建模变得无比简单。

3. HR 数据中台应用场景

在人力资源数字化转型的过程中，数据中台可以作为决策支持平台、数据服务平台、业务运营监控平台（如图 7-3 所示），对业务发展产生积极的推动作用，其功能具体分析如下。

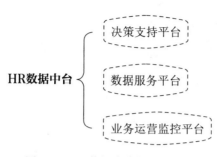

图 7-3 HR 数据中台的应用场景

（1）决策支持平台

数据中台可以凭借强大的数据集成能力，对 HR 数据、财务数据、生产数据、产品数据等多种类型的数据进行整合，丰富人力资源管理的指标分析体系，促使 HR 决策改变过去凭经验决策的模式，转变为数据驱动决策，提高决策效率，保证决策更加科学。

（2）数据服务平台

随着人力资源管理工作越来越精细，HR 的日常管理工作将对数据产生高度依赖。数据中台拥有强大的 BI 分析功能，可以根据 HR 业务需求快速生成数据报表，还支持 HR 利用多维分析模型对数据进行自助分析与快速查询。

此外，针对拥有众多分公司的大型集团企业获取系统外 HR 业务数据比较难的问题，数据中台的在线数据填报功能可以提供有效的解决方案。首先，数据中台的在线填报功能可以提高各个分公司填报数据的效率，提高数据的准确性；其次，数据中台可以利用预置分析模型对 HR 数据进行挖掘，生成相应的报告，让人力资源专题分析工作变得更加简单。

总而言之，数据中台可以对数据进行充分挖掘，释放数据价值，减轻 HR 的工作负担，提高人力资源部门的工作效率，并对 HR 业务创新提供强有力的支持。

（3）业务运营监控平台

招聘、绩效考核等人力资源管理工作的业务流程比较长，非常适合通过收集、分析数据对业务开展状况进行实时把握。例如，在招聘过程中，

HR 可以通过对平台数据进行监控掌握简历投递、资格审查、笔试、面试以及录用情况，还可以对人才质量做出科学判断。在绩效考核环节，HR 可以通过数据看板对绩效考核过程进行跟踪，对各环节消耗的时间以及绩效考核的进展进行分析，全面掌握绩效考核进展。

用友：NC Cloud 数字化平台实践

用友公司基于中台理念创建了一个大型数字化平台——NC Cloud，下设业务中台、数据中台、技术中台，其中业务中台可以满足业务发展需求，数据中台可以对数据进行收集、挖掘与应用，技术平台可以为产品与服务的快速迭代提供技术支持，这三大中台共同作用推动企业实现智能化升级，促使企业实现高效、灵活运行。

基于 NC Cloud 的人力云解决方案为人力资源业务创新、人力资源数字化转型提供了积极的推动作用，下面对用友人力云的业务中台、技术中台以及数据中台进行具体分析。

1. 业务中台

用友人力云下设 15 个服务中心，包括组织中心、员工中心、假勤中心、绩效中心等，可以满足人力管理的各种业务需求。以员工转正为例，不同企业的员工转正流程不同，有的企业需要对员工在试用期的表现进行考核与测评，有的企业不需要。即便都需要进行考核与测评，不同的企业所采用的考核与测评的方法也不同，因此很难为企业创建一个通用的转正方案。用友人力云的业务中台就可以利用微服务模式，提取与员工转正有关的微服务，对这些微服务进行组装，为企业提供定制版的转正方案。

2. 技术中台

用友人力云的技术中台可以为企业提供前端、后端一体化的开发框架，为上述业务场景提供支持。开发者提交代码后，需要借助 DevOps（Development 和 Operations 的组合词，是一组过程、方法与系统的统称）平台对这些代码进行统一管理与运维，包括测试、编译、打包、部署等，以实现容器的弹性伸缩与快速部署。相较于独立部署来说，这种部署方式是一种巨大的进步。

技术中台可以对微服务进行统一管理，提供用于服务通信的 RPC（Remote Procedure Call，远程过程调用）框架以及链路追踪等技术，为用户提供定制化服务，满足用户的个性化需求，实现大规模、可持续创新。例如，面对员工薪酬计算、全员绩效考核等高并发场景，用友人力云的技术中台就可以进行弹性扩容，为这些业务的开展提供强有力的支持。

3. 数据中台

数据中台的应用大致可以分解为三个步骤，一是数据收集，二是对数据进行建模分析，三是对数据分析结果进行应用。数据建模分析同样需要三个步骤来完成：第一，将数据以可视化的方式呈现出来；第二，对数据模型进行分析诊断；第三，利用人工智能将相关性因素整合到一起进行建模分析，充分释放数据的潜在价值，辅助企业做出科学决策。整个过程可以概括为通过业务产生数据，对数据进行处理分析，利用数据处理结果支持业务开展，从而形成一个良性闭环。

用友 NC Cloud 数据中台可以为人力资源提供强大的数据建模能力，对组织、人、工作进行数字化改造，从静态的结果数据拓展为动态的过程数据，对员工的行为过程数据进行收集，通过数据分析掌握员工行为，然后通过数据建模对员工的行为动机以及价值观进行分析，为组织优化提供科学依据。

随着 NC Cloud 在人力资源领域推广应用，数据中台将汇聚大量人力资源数据，用全新的方式将数据隐藏的价值呈现出来。例如，过去的人力资源管理大多注重对员工个人的分析，不太注重团队分析，用友 NC Cloud 的组织网络分析功能则可以通过分析员工的社交关系、工作关系、学习关系，对团队之间、团队与员工之间的关系进行探究，找到潜在的领导者以及在团队中担任重要角色的员工，了解团队的领导风格以及团队的整体氛围。

第八章
重塑领导者数字化思维保障

数字经济重塑领导者画像

领导力的概念比较抽象，通常指组织中的领导者的素质核心，它存在于所有的组织当中，与组织的发展紧密相连但又不可捉摸。管理学大师彼得·德鲁克认为领导力的本质是把个人愿景提升到更高境界，把个人绩效提高到更高标准。因此领导力的具象化表达是"带领组织迎接挑战走向卓越的能力"。具有强大的领导力的领导者能够将理念付诸行动，将愿景变成现实，将阻碍转向创新，将分裂变为协作，将风险化作利益，有效激励组织中的各个成员主动为组织做出贡献。

传统领导力研究的重点通常放在组织建设和业务提升上，组织在提升领导力时大多从建立团队、规划战略、培育人才和提高职业素养等各个环节入手。

在5G、大数据、人工智能等新一代信息技术的迅速发展的信息时代，科学技术为整个经济社会带来了深刻的变革，各种全新的技术应用和经济形态等层出不穷，这对领导者来说既是挑战，也是机遇。

数字化领导力就是利用数字技术引领组织持续增长并实现数字化转型的能力。与注重组织建设和业务推进的传统领导力相比，数字化领导力更注重在技术、业务、组织上全方位观察、思考、融合的能力和规划数字化转型与增长路径的能力。

数字化领导力的高低主要从宏观层面的数字经济洞察力、微观层面的数字资产运营力、专业层面的数字科技学习力、组织内部的数字人才培养力四个角度来评估，如图 8-1 所示。

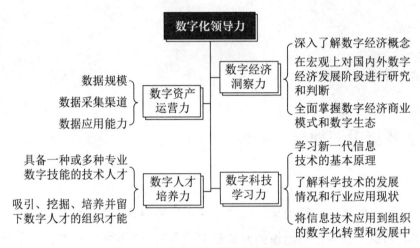

图 8-1　评估数字化领导力的四个角度

1. 数字经济洞察力

简单来说，组织数字化转型就是组织找准自身目前和将来在全新的数字经济生态系统中的定位的过程。因此，组织若要实现数字化转型就必须具备洞察数字经济的能力。

组织若要做到深入洞察数字经济，就必须深入了解数字经济概念，能够在宏观上对国内外数字经济发展阶段进行研究和判断，并全面掌握数字经济商业模式和数字生态。尤其是目前还未完全构建起数字经济宏观测算体系，微观商业模式也处于持续创新阶段，组织更要充分利用自身的数字经济洞察力，根据所处行业的特点和组织特性，准确找出自己在整个数字经济生态系统中的位置。因此，领导者的数字经济洞察力要在评估其数字化领导力时占据首位。

2.数字资产运营力

随着新一代信息技术逐步发展成熟，我们进入了数字经济时代，在这一时期，认识和运营数字资产的能力对整个组织未来的发展有着决定性影响。组织的数据规模、数据采集渠道和数据应用能力将在发挥数字资产的价值和竞争力上起到至关重要的作用。

管理和运营数字资产并不能只依赖于简单的装配硬件或软件系统，更要专门创建一套适用于自身数字资产运营的实际情况的组织体系。因此，数字资产的运营对领导者来说是一项机遇和挑战并存的工作，需要领导者充分发挥自身的数字资产运营能力，整合组织当前所有的数据资源体系，全力提高组织的数字资产价值，融合人、流程、制度来推动实现数字资产高效运转。领导者的数字资产运营力是以广泛讨论、整体规划和严格执行为基础的，从而帮助组织加快积累数字资产的速度，升级服务价值。

3.数字科技学习力

与传统领导力相比，数字化领导力中的核心能力是在新兴数字科技方面的学习和运用能力。作为数字经济的重要生产要素，大数据要持续发挥价值，而数字技术正是利用大数据创造价值的必备品。

在经济环境和政策环境的影响下，各个组织领导者都应积极学习大数据、区块链、人工智能、量子计算等新一代信息技术的基本原理，了解这些科学技术的发展情况和行业应用现状等信息，进而提高自身的数字化领导力，将这些信息技术更好地应用到组织的数字化转型和发展中。

先进的科学技术是推动组织数字化转型的重要工具，有助于组织连通过去、现在和未来。因此，组织的领导者必须学习并掌握这些先进的科学技术的特点，领导整个团队利用科技为组织的数字化转型提供保障。正因如此，我们才将在新兴数字科技方面的学习和运用能力看作数字化领导力中的一项重要能力，同时这也是领导者引领组织实现数字化转型的关键能力。

4. 数字人才培养力

数字人才是知识型员工，一般来说，像软件工程师、算法工程师、数据科学家一样具备一种或多种专业数字技能的技术人才都可称作数字人才。数字人才通常能在新兴数字技术方面为组织实施数字化转型提供支持，是数字经济发展必需的人才，也是目前劳动力市场中常常供不应求的人力资源。

目前教育系统正在加快革新教育体系和调整人才培养结构的步伐，以便为数字经济输送更多人才，但短期内对数字人才的需求仍旧难以满足，数字人才的供需矛盾依然存在。2020 年 4 月 30 日，我国人力资源和社会保障部发布《新职业——大数据工程技术人员就业景气现状分析报告》，该报告显示组织内的大数据人才主要来自社招、校招、内部培养和推荐、培训机构招聘，其中社招占比高达 65.21%，已超过其他各渠道的总和。这说明当前高校的人才培养结构与社会需求严重脱节，而组织和培训机构也缺乏培养专业的大数据人才的能力。除大数据外，5G、区块链、人工智能等各类新兴信息技术的人才培养也同样是这种情况。

一个组织能否打造出优秀的数字人才团队将直接影响其数字化转型质量和效率，所以在现阶段数字人才供求失衡的情况下，只有能吸引、挖掘、培养并留下数字人才的组织才能在数字经济时代抢占发展的先机。因此，数字人才培养力也是评价领导者的数字化领导力的重要参考因素。

数字化领导力的"六维"模型

数字化时代的到来，为企业进行数字化转型提供了重大发展机遇。如今，数字化作为时代热门话题在企业中被广泛讨论，数字化加速、数字化转型、数字化时代等词汇更热议不断，数字化到底能为企业带来什么？鉴于这个话题，越来越多的企业正在数字化建设的道路上不断探索着。

中国企业在探索数字化建设的过程中，机遇与挑战并存，人工智能、云计算、AI、大数据等新兴技术作为数字化重要的组成部分，为企业数字化转型、实现高质量发展赋能。但同时，数字化作为时代发展的必由之路，中国企业在这条道路上探索必然会面临诸多挑战，其中数字化领导力的挑战是影响企业数字化建设的关键。企业只有重塑数字化领导力，才能在极其复杂的市场经济环境中保持长远发展。数字化进程中，企业最常见的三大领导力挑战如下。

① 数字化建设的前瞻性和愿景不足。

② 数字化建设中刨根问底、博采众议、有容乃大的良好环境难以形成。

③ 数字化战略与当下企业的组织架构、机制不相契合，且尚未察觉。

因此，企业想要进行数字化建设，成功实现组织架构、管理机制、运营方式等方面的数字化转型，必须对组织领导力进行彻底、全面的优化升级和重塑，为数字化建设赋能。

数字化时代背景下，大数据、人工智能、云计算等新一代信息技术在各行各业中迅速发展，推动着社会经济的深远发展和企业各方面的变革与创新。就企业的组织架构而言，数字化将促使组织之间信息交流的方式、实现价值创造的路径、组织决策的逻辑等发生新的变化。

我们应当如何助力企业实现质量变革、动力变革、效率变革？全面进化的领导力应该是最佳答案。全面进化的领导力作为一种方向引领企业正确迈向数字化建设和转型道路，作为一种工具帮助企业解决实际管理中的各种难题，更好地实现自我管理和团队管理，进一步推动认知能力、思维方式和领导模式的革新。

数字化领导力模型是企业实现高质量发展的成功样板，是助力企业内外部科学决策、培养企业新的核心竞争力的重要工具，主要包括顶层思维、数智创领、场景突破、组织数造、颠覆常规、数字伦理这六大领导力维度，如图 8-2 所示。

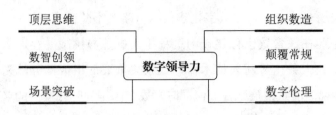

图 8-2 数字化领导力的"六维"模型

1. 维度一：顶层思维

顶层思维要求企业领导者拥有超前的思维能力，拥有一体化的科学的战略思维系统，对社会中的各种要素和资源进行有效整合并利用，构建敏锐的产业洞察能力，提前预判和透视，站在时代发展的制高点思考企业未来发展的方向。

2. 维度二：数智创领

数智创领强调企业领导者对数字、大数据、人工智能在企业中的发展进行敏锐洞察。企业领导者要注重对大数据的分析，将人的智慧与数据进行联动，赋予数据更高价值，用数据说话。同时，利用数字化技术，优化和管理领导者的智慧，用智能代替人工，实现人力资源的最大化配置和利用。此外，企业优秀的数字化领导者也应充分利用人机交互，从战略高度思考、制定企业数字化整体布局和战略支撑，让数智创领成为建设企业数字化的重要推动力。

3. 维度三：场景突破

互联网时代下，场景竞争是企业竞争的重要力量，场景是企业获取未来制高点的关键。为此，企业领导者要从场景突破入手，构建多样化的场景，综合分析这些场景与组织管理、业务运营之间的关系，实现互联互通。同时，从用户体验场景出发，以客户需求为中心，借助各种技术手段和平台，为客户制定个性化、定制化场景与服务，探索提升企业价值的新路子。需要注意的是，在场景突破的过程中，企业领导者要以企业目标、方向和战略为核心。

4. 维度四：组织数造

组织数造是指以数字化的方式对企业组织进行重塑与再造的过程。数字化时代下，如何对组织进行重塑与再造是企业领导者需要重点考量的问题。组织数造强调企业领导者以客户需求为目的、以经营对象和过程为核心，利用各种技术手段，对现有的组织体系、经营过程和人才结构进行重新设计与再造，构建一种全新的、互联的组织架构，以达到提质增效的目的。

5. 维度五：颠覆常规

颠覆常规与顶层思维、数智创领、场景突破联系密切，要求企业领导者在思想观念和具体行动上都做到颠覆常规。一方面，企业领导者要紧跟数字化时代发展潮流，打破现有的逻辑观念、意识形态和思维惯性，发挥想象力和创造力，学习引用先进思想理念，树立大格局观、大时代观。另一方面，企业领导者要充分利用各种数字化技术和手段，改变现有的组织结构、管理过程和运营方式，再造一个富有弹性、扁平化的新型组织、管理和运营方式。

6. 维度六：数字伦理

数字伦理要求企业领导者树立正确的新时代伦理观，即在享受数字化技术带来的红利的同时，不能逾越道德与法律的底线，应当平衡好数字经济和道德伦理，正确利用数字技术，创建合理合法的企业规章制度，切实维护客户和员工的利益。数字化技术是一把双刃剑，企业管理者应当循法而行、合理用之，使之释放出强大的正能量。

重塑数字化领导力是推动企业成功实现数字化转型的关键，这适用于准备探索数字化的企业和已经置身数字化转型中的企业。未来，为在复杂多变的数字化环境下立于不败之地，企业领导者应当加大对数字化领导力的塑造和建设力度，深刻洞察、理解和引入数字化赋能业务，主动引领企业深入变革，在数字化管理的基础上，进一步优化、迭代和升级数字化领导力。

技术革命和敏捷型组织

在工业时代，虽然已有许多商业组织管理活动，但组织形态、管理制度、管理方式等还都比较落后。随着人类经济活动逐渐丰富，组织管理也变得越来越复杂，尤其是福特汽车公司建立以流水线为核心的生产组织机构后，手工作坊逐渐被淘汰，出现了越来越多的更具现代化气息的商业组织。

工业化生产具有分工明确、产品标准的特点，这意味着员工只是执行工作任务的人，既缺乏个性，也不独立思考，且工作具有极强的可替代性。

大工业化时期的商业组织的六个要素现在也仍被列入许多商学院的教学内容中，传统商业组织的六大要素如表 8-1 所示。

表 8-1　传统商业组织的六大要素

要素	内涵
工作专业化	专业的人干专业的事情，人的技能分工越来越细化
组织部门化	专业的人组成了一个个组织的器官，也就是专业的部门
有序的命令链条	在这样的组织当中，最重要的事情就是维持有序的命令链条
管理宽度的控制	组织管控有效性非常重要，因此设计好管理的宽度很重要

要素	内涵
集分权的设计	总部的集权需求和大型组织的效率陷阱是贯穿这类组织发展历程的核心问题,其发展到极致的重要产物是 ERP 系统
工作的正规化	工作形态的正规化,不仅是步骤,还包括与之相关的"仪式感"

传统商业组织六要素指导下的领导力更注重权威和自上而下的严格管理,其中美国通用电气公司(General Electric Company,GE)的 CEO 杰克·韦尔奇将这样的领导力发展到了炉火纯青的地步,他将通用电气公司打造成了传统组织形态和领导力发展体系中的翘楚。

随着 21 世纪数字化时代的到来,信息技术逐渐渗透人们生活的方方面面,市场需求日益复杂,一些新型组织应运而生并逐步取代传统的组织。

这些新型商业组织是以各种形态存在的企业或平台,比如像爱彼迎(AirBed and Breakfast,Airbnb)一样自身没有房屋的旅行房屋租赁公司、像淘宝一样自身没有店铺的零售平台和像 GitHub 一样的代码托管平台等,这些新型组织吸引了许多来自世界各地的优秀的软件开发者。

由于高度敏捷是这类新的组织形态的显著特征,因此这类新型组织通常被称为敏捷型组织。

1. 工作专业化 vs 斜杠人才

以往传统的组织通常按照员工的职能将其分配到相应的岗位上,职能与岗位严格对应。而现在的新型组织的员工中"斜杠青年"所占的比率日益增高,职能的边界逐渐模糊,员工的岗位也不再是一成不变的。以 Uber 为例,组织中的各个员工的行业背景各不相同,可能既有极地考察队的科学家,也有专业的摄影师。因此,新型的组织更加看重员工未来的发展。

2. 部门化 vs 零工经济

当前的大多数敏捷型组织通常顺其自然采用项目式工作方法。例如 GitHub 平台一般围绕技术人员展开工作，如果技术人员开放源代码协议，那么我们就可以建立分支（fork），分支数和技术人员的粉丝数之间成正比。随着人力资源分配形式的不断创新，正式工与合同工、临时工之间的界限开始模糊，"零工经济"（Freelancer Economy）逐渐走向繁荣，各个企业中出现越来越多由正式工和临时工混合组成的项目小组。

3. 命令链条 vs "临时老板"

与传统的组织相比，敏捷型组织中的员工与老板之间不再是简单的上下级关系，通常有极强的临时性，并可能随实际情况而不断变化，员工在项目中既可能是汇报者也可能是被汇报者，老板也一样，因此在不同的项目中老板与员工可以互相汇报项目情况。

4. 管理宽度 vs 大幅度扁平化

由于腾讯、阿里巴巴等大型互联网公司的员工数量极大，管理宽度大大增加，管理的成本也随之增加，因此必须进行组织变革，积极推动组织扁平化管理。

5. 集分权设计 vs 两极分化

敏捷型组织通常具备敏捷的市场端，能迅速以市场为导向进行决策，但由于敏捷的市场端需要有中后端的高度集约作为支撑，因此对大多数企业来说都是难以实现的，即便已有像 GitHub 这样的成功案例，但因为其行业具有极强的特殊性，所以仍旧无法作为模板进行复制。

6. 正规化 vs "规范的自由"

在组织向正规化还是自由化方向发展的问题上，一些敏捷型组织的发展过程是从岗位和流程规定的正规化转向基于正规化的数据、技术和平台的自由化发挥。也就是说敏捷型组织既要给员工更广阔的自由发挥空间，也要不断强化后台的技术规范和数据规范，确保前端工作的灵活性和协作的规范化。

敏捷组织下的领导力变革之路

2021 年，麦肯锡咨询公司将下一层级的过程自动化、未来连接、分布式基础设施、下一代计算、应用人工智能、未来编程、信任架构、生物革命、下一代材料和未来的清洁技术列为可能改变未来世界格局的十大技术，而这十项技术中有七项都与信息技术革命息息相关，也就是说，组织的敏捷化转型必须要有信息革命的驱动。

1. 技术赋能

许多企业通常有众多重要的价值链环节，信息技术只是其中之一。以汽车制造业为例，机械加工占据其大部分工作量，因此行业中依旧有大量传统流程和岗位，在这类传统工业中，可以使用工业机器人代替人工，在节约人力资源的同时还能提高劳动生产率，但敏捷性问题却仍然存在。而在化工、制药等基于化学过程和生物过程的行业，敏捷转型的路径也是截然不同的。

行业中关键性技术的发展决定着这个行业适用于什么样的敏捷转型路径和实施转型后的最终敏捷程度。就目前来看，汽车制造业无法达到像

GitHub 那样的敏捷程度。而行业能否利用技术为组织的敏捷化赋能也深深影响着敏捷型组织的发展。

企业的领导者要具备强大的领导力和清醒的头脑，在敏捷型组织大受追捧时不盲目跟风，而是对企业当前所处行业的技术变革程度和技术在组织敏捷化转型中的作用等进行深入分析，在技术的更迭中保持一定的前瞻性，从而更好地利用技术并把握好企业实施敏捷化转型的时机和路径等。

2. 市场驱动

组织进行敏捷化转型是为了能更好地提供多样化、定制化的产品，而不是一直生产千篇一律的产品。但多样化、定制化的产品是否能被市场接受也是企业必须提前考虑到的问题。

当前服装行业中的企业主要分为走定制化路线和标准化快销路线两大类。其中走定制化路线的企业大多是创新型企业，这些企业借助人工智能、生物特征识别等多种 IT 技术提高自身的服装定制水平，让顾客在普通门店也能享受到像传统高端裁缝店一样的专属高端定制服务，进而达到提高收益的目的。优衣库等服装企业则走向了标准化快消路线，通过减少门店的库存量单位（Stock Keeping Unit，SKU）和将 IT 技术广泛运用到中后台打通门店和工厂之间的数据共享渠道的方式更加准确地提供货品，进而达到在减少品类的同时提高利润，这两种路线都是服装企业提高敏捷性的有效方式。

3. 领导力的转变

组织的敏捷化转型在很大程度上受人的思维和行为的影响，尤其是领导者的思维和行为。

（1）前向思维

从前，组织中很少有具备面向未来的前向思维的领导者，大多数领导者的思维相对保守。但最近几年，国内有不少企业开始与其他领域的企业进行跨界合作，利用新的技术、思维、手段等助推自身的敏捷化转型，提升自身敏捷性。

（2）重新定义工作

励衿领导力咨询董事总经理林光明曾在《敏捷基因》一书中发表对于未来劳动力市场的看法，他认为在未来的 20 年，自动化和人工智能将会逐步代替人力完成大部分工作。对于未来的敏捷型组织来说，能够用人工智能等自动化技术代替人力完成的工作一定是标准化和数据驱动的工作，而节省出的人力资源将会被投放到高附加值、高创新性、非标准化的工作当中，目前部分行业已经出现这种劳动力转型现象。

（3）变革与试错

大型组织一般比较保守，但保守会限制组织的敏捷化。因此大型组织需要创建服务于组织敏捷化的试错机制并进行企业文化转型，可以选择先在体制外进行试验，试验初期在一定程度上隔离领导者之外的项目人员和原有企业，争取在进行组织敏捷化转型时有更高的成功率。

（4）技术敏感

正处于敏捷化转型过程中的企业需要让员工学习 Python 等脚本语言，保持技术敏感。这样做的原因主要有两个，一方面是企业的 HR 部门挖掘劳动力数据的需求极大，如果选择将这项工作外包，将会耗费大量的时间和资金；另一方面，与供应商相比，企业内部员工学习 Python 等脚本语言的难度更低。

第三部分

HRTech[1] 应用篇

---

[1] HRTech：即 Human Resources Technology，指人力资源技术。HRTech 广义上可理解为企业内部能够支持人力资源自动化管理的一切软件技术，以及与这些软件相关的硬件，涉及工资、福利、绩效、人才招聘和管理以及相关数据分析的方方面面。

第九章
AI+HR：提升 HR 管理效能

AI 驱动人力资源管理变革

人工智能技术是社会变革重要驱动力，能够颠覆人们生活和工作的方式。随着人工智能在人力资源管理领域的应用日益深入，社会劳动结构、人力资源管理模式等也有了创新性发展，未来人工智能将代替人来完成大量重复烦琐的工作，整个社会的生产效率和管理效率也将大大提升。

目前，日本已经推出 AI 面试官，利用 AI 机器人向应聘者提问并分析应聘者信息，大幅提高了面试工作的效率。硅谷已经开始用人工智能取代 HR，这样做不仅能够提高效率、降低成本，还能有效避免主观印象等人为因素对招聘工作的影响，提高决策的科学性。在实际工作中，AI 机器人有着比人力更快的数据运算处理速度和更严密的分析逻辑，能够更好地完成人力资源管理工作。

由于人工智能能够代替人来完成大量高重复性、高危险、高精度的工作，人工智能的广泛应用可能会让许多人面临失业或被迫转行，让劳动力就业问题中的矛盾越来越突出，我国亟须推进经济转型，加快由劳动密集型向知识密集型转变的速度。

一方面，人工智能将会逐渐取代人力进行机械化、重复性的劳动，解放大量劳动力，并促进劳动者知识技能的转型升级，改变劳动力市场的形态。

对企业来说，也要思考培养人工智能时代需要的人才的方式，其中，对核心技术研发人员的培养方式的研究是重中之重。除此之外，人工智能也将会代替部分管理者进行工作，企业的管理结构将趋于扁平化。

　　另一方面，人工智能还可以用于分析人岗匹配度，从技术和数据层面为企业的绩效管理、培训与开发、招聘与配置、薪酬福利管理、劳动关系管理和人力资源规划提供支持，提高组织管理的公平公正性和合理性。因此，在产业转型阶段，我们要加倍重视人工智能技术在人力资源行业的应用，AI 对人力资源管理变革的驱动作用如图 9-1 所示。

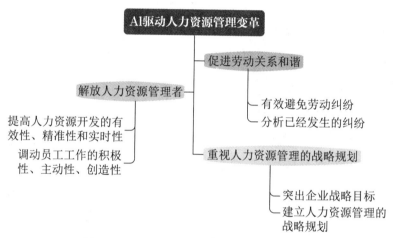

图 9-1　AI 对人力资源管理变革的驱动作用

1. 促进劳动关系和谐

　　随着市场经济的不断发展，劳动者与用人单位之间的劳动关系日益复杂，劳动纠纷问题逐渐突显，如何有效预防劳动争议、创建和谐劳动关系逐渐成为学界和企业管理者的重点关注问题。如果企业对劳动纠纷处理不当，那么可能会激化矛盾，导致员工提起劳动仲裁，影响企业形象。

　　在调整劳动关系方面，人工智能可融合劳动纠纷预警机制分析可能发生的劳动纠纷，从而有效避免纠纷。除此之外，人工智能也可用于分析已经发生的纠纷，帮助企业发现并解决管理中存在的问题，提高劳动用工管理制度的科学性，明确企业和员工的权利义务，从而有效避免劳动纠纷，打造和谐的劳动关系。

2. 解放人力资源管理者

由于企业的 HR 常常要在日常性、事务性的人力资源管理工作上耗费大量时间和精力，因此无暇顾及人力资源开发和人力资源战略管理工作。如果企业使用人工智能来完成人力资源管理中的事务性工作，那么不但能大幅提高工作效率，还能让 HR 从事务性工作中抽身出来去进行人力资源开发。

不仅如此，人工智能还可以通过数字化、智能化的手段提高人力资源开发的有效性、精准性和实时性，激发员工的潜能，调动员工工作的积极性、主动性、创造性，为企业发展助益。由此可见，人工智能有助于解放人力资源管理者，让其有更多的时间和精力去完成一些具有更高价值的工作。

3. 重视人力资源管理的战略规划

由于战略规划与人力资源管理之间不够契合，因此许多企业会忽视对人力资源管理的战略规划，尤其是中小型企业，通常会将管理工作的重心放在绩效管理、劳动关系管理、招聘与配置等传统人力资源管理模块上。

人工智能与企业战略管理的融合能够突出企业战略目标，为企业提供智能化指挥和实时化分析应用，让企业可以以战略为中心推进人力资源管理工作。与此同时，人力资源管理者能够更加专注于人力资源管理战略，建立战略性人力资源管理机制，提高人力资源管理的服务水平，做到充分落实人力资源管理战略规划。

提质：完善人才"选用育留"机制

人力资源管理的一项重要任务就是选人、用人、育人、留人，构建一支优秀且稳定的人才队伍，为企业各项业务的开展提供强有力的人才支持。在知识经济时代，人才已经成为企业重要的生产资源之一。人力资源部门要不断提升管理水平，利用 AI 技术建立健全人才的"选用育留"机制（如图 9-2 所示），提高企业员工的整体素质。

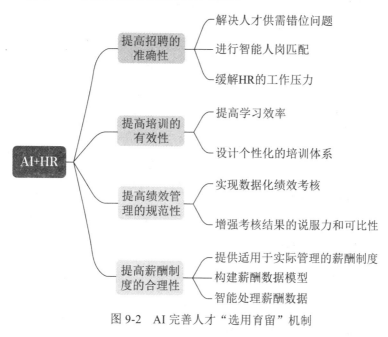

图 9-2　AI 完善人才"选用育留"机制

1. 提高招聘的准确性

在人力资源管理工作中，招聘既是一项基础工作，也是最为关键的一环，对企业未来的发展起着至关重要的作用。但传统的招聘方式存在许多不足，具体表现在以下几个方面。

● 传统招聘渠道受宣传力度等因素的限制，招聘速度慢，耗费时间长，往往需要花费大量时间成本。

● 当收到的简历数量较多时，难以迅速筛选出与招聘岗位匹配度最高的应聘者的简历。

● 当针对同一岗位进行招聘，且招聘数量较大时，难以同时面试众多应聘者。

● 受人力资源管理者能力的限制，难以实现对中高层职位的招聘。

如果将人工智能应用于人力资源管理工作，那么企业就可以利用人工智能中的大数据技术和云计算功能采集、存储、分析海量人才信息，有效解决人才供需错位问题。人工智能可以通过计算批量化筛选、分析简历，并进行智能人岗匹配，提高简历筛选环节的工作效率，增强筛选的准确性和科学性。除此之外，人工智能还可以随时随地对多个应聘者展开面试，分担 HR 的工作量，有效缓解 HR 的工作压力。

2. 提高培训的有效性

人力资本价值是衡量企业竞争力的重要参考因素，而培训是提升人力资本价值的有效方法。但部分企业既没有专业的培训讲师和科学完善的培训体系，也无法承担培训所需的时间成本，因此他们通常选择与专业机构合作完成培训。对企业来说，培训机构的水平一定会影响培训效果，部分机构对企业缺乏了解，无法进行有针对性的培训，因此培训的有效性较低，而人工智能恰恰能解决这一问题。

例如，某烟草公司将人工智能应用到员工培训中，利用 3D 技术还原烟草烘烤的场景，借助三维虚拟仿真让员工可以在虚拟场景中沉浸式操作，并循环播放视频，帮助员工记忆操作方法和操作流程，从而大幅提升培训的有效性。

人工智能可以向每位员工反馈其学习情况，帮助员工发现并改进不足之处，便于提高学习效率。不仅如此，企业还可以利用人工智能中的大数据和预测功能设计个性化的培训体系，利用 AR（Augmented Reality，增强现实）技术模拟真实世界的学习场景，进一步优化员工培训效果。

3. 提高绩效管理的规范性

在人力资源管理中，绩效管理既是重点，也是难点。许多企业花费大量时间和精力进行绩效管理，但收效甚微，部分企业的绩效管理工作甚至遭到员工的抵制，这主要是因为企业的绩效管理缺乏规范性，绩效考核结果的信度和效度不高。

人工智能绩效管理系统可以采集、记录、整理、分析员工的绩效数据，并根据企业的实际情况设置绩效考核指标，实现数据化绩效考核，能够有效避免主观印象等人为因素的影响，提高考核的科学性和准确性，增强考核结果的说服力和可比性。

以亚马逊和谷歌为例，他们借助云计算技术采集、记录、分析员工的绩效数据，并对员工的绩效做出精准评估，大大增强了绩效考核结果的科学性和可比性，有效提高了绩效管理的科学性。

4. 提高薪酬制度的合理性

企业薪酬制度影响着各部门的普通员工和管理层等多方利益，合理的薪酬制度有助于激发员工潜力、提高员工的绩效、增强员工的忠诚度和满意度。但由于 HR 难以完全掌握人力资源市场的具体薪酬水平，因此可能在评估职位价值时走入误区，难以科学合理地定薪，进而影响到整个薪酬体系。

人工智能薪酬管理系统能够利用大数据技术针对同一职位采集大量关于薪酬水平的信息数据和市场行业薪酬数据，并迅速对这些数据进行分析，从而为企业提供适用于实际管理的薪酬制度。

企业可以利用人工智能构建薪酬数据模型，借助模型来分析岗位等级薪酬，从而制定更加合理的薪酬等级标准；还可以利用数据比对和数据计算功能处理薪酬数据，确保薪酬管理的公平性。

降本：人力成本的智能化运营

企业引入 AI 进行人力资源管理，不仅可以对相关数据进行更准确、更严谨的统计与分析，基于数据分析结果完善 HR 管理模式，在最大程度上提高人力资源管理的质量与水平，还可以降低人力资源管理成本，包括员工培训成本、人才流失成本、劳动力使用成本等，如图 9-3 所示。

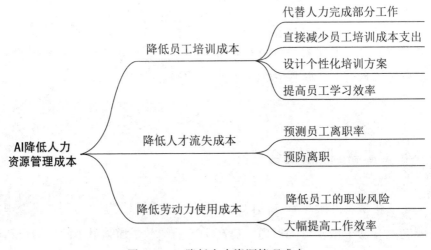

图 9-3　AI 降低人力资源管理成本

1. 降低员工培训成本

员工培训能够有效提升企业竞争力，但许多企业尤其是民营企业的员工培训工作却较为薄弱，这主要是因为这些企业难以承担高昂的培训成本。从培训费用占前一年总销售额的比例来看，目前国内许多企业的培训经费低于 0.5%，有些企业在培训方面的支出甚至更低。当企业运用人工智能应用进行员工培训，培训成本将会大幅降低，企业对员工培训的积极性也将大幅提高。

对企业来说，将人工智能应用到员工培训中有许多好处。

● 首先，人工智能可以代替人力来完成一些重复性、机械性的工作，降低人力成本，间接减少在员工培训方面的支出。

● 其次，人工智能应用可以直接减少员工培训成本支出。

● 再次，人工智能可以以员工和企业的实际情况和需求设计培训方案，并在培训过程中进行实时调整和优化，充分激发员工学习的主动性。

● 最后，人工智能中的三维虚拟仿真技术能够辅助员工学习新知识、新技术，提高员工的学习效率，缩短培训时间，降低时间成本。

2. 降低人才流失成本

人才是能够为企业创造价值的重要资源，也是推动企业发展的关键因素，因此企业十分重视人才流失问题。一般来说，员工离职主要有以下原因。

● 社会价值观、经济、法律、交通、市场竞争等外部因素。

● 薪酬待遇达不到预期、对领导风格不满、缺少发展空间、工作压力过重等内部因素。

● 性格不适合、与职业发展规划不符、缺少个人成就等个人因素。

一方面，员工离职会造成职位空缺和人才紧缺，尤其是核心员工离职，不仅会影响企业的核心业务，还会削弱企业竞争力，给企业带来许多负面影响；另一方面，企业为了继续推进业务不得不尽快填补职位空缺，花费大量时间、人力、物力、财力去开展招聘活动和培训活动，增加了许多成本支出。为了降低员工离职率，节省成本，企业可以利用人工智能采集企业内部的员工数据和企业外部的市场数据，并根据这些数据预测员工离职率，找出离职原因，让 HR 能有针对性地解决可能造成员工离职的问题，从而预防离职，有效挽留有离职想法的员工。

3. 降低劳动力使用成本

随着城市化、工业化的不断推进，工业规模和经济规模越来越大，与此同时，人们患上职业病的风险越来越高。目前劳动者的受教育程度越来越高，劳动者越来越重视安全健康，不再愿意参与高危职业活动，因此一些高危行业频频出现"缺工"现象，不得不在人力方面花费更多成本。

人工智能机器人的应用能够有效解决以上问题，一方面，高危行业中的企业可以把危险工作交给人工智能机器人来完成，从而降低员工的职业风险；另一方面，人工智能机器人有工作速度快、工作质量高的优势，企业使用人工智能机器人来完成工作能够大幅提高工作效率。总而言之，人工智能机器人能够代替人力工作，企业可以通过使用人工智能机器人来提升自身的自动化程度，减少在人力方面的成本支出。

"AI+HR"模式的落地场景

AI 是一种包含机器学习、计算机视觉等多项技术的数字化工具，能够利用算法快速对数据做出精准的分析和预测。因此，AI 技术可以在许多领域发挥作用，在人力资源管理领域，人工智能的落地场景主要有以下几个方面。

1. 人才招聘流程

人工智能具有简历评估、面试安排、笔试考查、应聘者综合评价等功能，企业使用人工智能来完成人才招聘等工作不仅能够有效缩短招聘周期，提高招聘效率，还能减轻人力资源管理人员的工作压力，让人力资源管理人员有更多的时间和精力去完成人才画像、人才管理、提高品牌价值等工作。AI 招聘可以精准识别出符合企业招聘岗位需求的应聘者，从而简化招聘流程，快速完成招聘工作。

企业可以将 AI 聊天机器人用于人才招聘的面试环节，让 AI 机器人与应聘者进行沟通交流，并以应聘者的面试表现和个人资料为依据进行综合评估，从而筛选出与招聘岗位匹配度最高的应聘者。

2. 新员工入职

在应聘者正式入职成为新员工后，AI 整合系统将会立即将公司相关业务信息和规章制度等发送至新员工的移动应用程序或笔记本电脑上，为新员工了解公司提供便利。

3. 学习和培训计划

人工智能可以通过处理与员工有关的数据来评估员工的能力，分析员工的需求，从而根据企业的岗位需求和员工的实际情况制订个性化的学习计划，有针对性地为员工提供相关技能信息和软件开发知识，便于员工通过学习及时掌握最新的知识技能。

企业人力资源管理部门可以借助人工智能分析数据，获取员工培训需求信息，并根据员工需求进行培训，有效提高员工的工作效率。不仅如此，员工也可以根据岗位对技能的要求利用人工智能平台进行自主学习。

4. 决策支持

人工智能的应用有助于人力资源管理者进行实时决策，为企业的人力资源管理人员赋能，强化其思维能力和认知计算能力，以便充分掌握各个员工的生活状况和思想状态等信息，从而为科学决策提供支撑。

5. 领导能力

人工智能能够以提问的方式采集大量与企业领导有关的信息数据，并通过智能化的数据分析精准计算出领导者的心理和身体素质水平、道德品质素质水平、文化知识素质水平、政治思想素质水平，根据分析结果为其提供能力培训或素质提升服务。除此之外，企业的领导者也可以根据数据找出自身的不足之处，从而根据岗位在技术和能力上的要求进行专门学习，提高自身的领导能力。

6. 指导任务

人工智能能够执行预编程的周期性任务，并辅助企业人力资源管理部门完成员工管理、战略制定、政策分析和工资单管理等工作。

AI 技术重塑人才与就业格局

人力资源是社会生产所必需的重要资源，目前在思维技术、产品服务等方面都需要进行革新。对人力资源管理来说，人工智能的应用有助于增强企业人力资源部门对其数字化转型工作的重视，加快转型速度，推进HRTech、HRRobot 等数字化产品的普及应用。

2017 年，政府工作报告首次提及人工智能，并强调了人工智能作为战略性新兴产业的重要地位。随着人工智能技术的不断发展，人工智能应用和人工智能设备将会代替人来承担更多重复性、程序化、结构化、逻辑性的工作，改变当前的经济结构，因此，在未来的人才市场中，知识型高技能人才和服务型人才将供不应求。站在企业的角度上来看，除技术型人才外，还需要具备技术运用能力、领导能力、沟通能力和管理能力的综合型人才，因此，企业的人力资源管理部门也要增强判断能力。

随着经济结构和企业管理模式的变化，多元化用工将逐渐成为主流，人才流动性会不断增加，人才结构性短缺问题也将日渐突出。因此，企业亟须将人工智能等数字化技术融入人力资源管理当中，建立人力资源管理数字化系统，将人力资源管理人员从烦琐的事务性工作中解放出来。

人力资源管理人员要积极利用科技赋能人力资源管理，推动"HR+AI"模式优化升级，利用基于云计算的人力资源管理系统实现人力资源智能化管理。

随着社会经济的发展和人工智能技术的应用，人力资源管理模式持续创新，人力资源管理行业开始迅速发展，未来将会有更多企业进入这一领域，行业竞争将会越来越激烈。因此，人力资源管理从业者只有不断提升自身专业性，增强专业核心技术能力，找到适用于自身发展的人力资源技术性策略，才能拥有较强的核心竞争力，在人力资源管理行业中占据重要位置，在人才竞争中取得领先地位。

1. 提高劳动力技能，注重专业人才培养

未来，人工智能将会取代制造业、服务业等行业中一些相对低端的劳动力，但却无法代替高技能人才工作，这将导致企业对高技能人才的需求不减反增，劳动力技能供需错配问题将愈发严重，进而造成结构性失业。

由此可见，在人工智能时代，员工面临失业的主要原因是缺乏核心竞争优势。若要解除失业危机，劳动者必须提高自身的知识水平和技术应用能力，以及在劳动力市场中的竞争能力和对不断变化的环境的适应能力，并顺应时代要求全面增强就业能力。

目前，我国人工智能产业发展迅速，人才缺口严重，大部分企业也都缺乏人工智能各技术方向的专业性人才。若要解决人工智能领域的人才缺失问题，可以采取以下措施。

● 积极适应企业对人工智能的需求，加强职业教育，开展关于人工智能等新兴技术的课程和培训活动，根据企业的实际需求定向培养和输出人才，同时解决就业和招聘两项难题。

● 挖掘低端劳动力的潜力，开展知识技能更新教育活动，完善劳动力的知识结构，提高劳动力的教育水平和整体素质，进一步开发人力资源。

● 各高校要加大人工智能人才的培养力度，加强对应用型人才的培养，有针对性地开设人工智能相关专业，培养专业人才。

2. 促进产业转型升级，创造就业机会

近年来，我国深入实施创新驱动发展战略，创新驱动有助于化解供需结构矛盾、推动产业结构转型升级。具体来说，我国既要以促进人工智能与现有产业融合的方式加速产业转型，以便扩大就业；也要继续推进"双创"，利用人工智能开发新的创业创新空间，让就业方式变得更加丰富多元，从而以创业带动就业。

在教育上，要坚持"五育"并举，全面发展素质教育，培养学生的创新意识和创新能力。在政策上，鼓励创新创业，出台鼓励政策，帮助创业者解决创业资金等各方面的问题，切实解决创新创业面临的各项疑难，创造更多就业岗位。

3. 发展第三产业，增加就业机会

人工智能的应用能够让人们从重复性、机械性、高危性的工作中抽身，有更多的时间和精力享受生活，人们在休闲娱乐方面的需求将呈现出个性化趋势，不同的人对服务的要求往往千差万别，在这一环境下，第三产业将迎来快速发展的契机，可以通过推进绿色经济、数字经济、创意经济的发展创造大量服务业岗位，增加就业机会，有效解决因人工智能代替部分人力造成的人力资源结构性矛盾。

第十章
商业智能：HR 大数据的应用

数据智能时代的 HR 新思维

随着科技的不断进步，信息的流通形式日渐多样，信息量也呈指数级增长态势，随之而来的海量数据推动了大数据时代的到来。国际商业机器公司（International Business Machines Corporation，IBM）基于道格·莱尼的理论提出了大数据的 5V 特征，分别是：规模性（Volume），数据体量大，从 TB 级别跃升到 PB 级别，甚至 ZB 级别；多样性（Variety），数据类型多，具体有音频、文字、视频、图片和格式化数据等；价值性（Value），价值密度低，发挥价值的数据所占比例很小；高速性（Velocity），数据产生和处理的速度快；真实性（Veracity），数据的准确性和可信赖度高。

1. 大数据时代的商业思维变革

大数据时代的到来为我们带来了先进的技术和新的商业机遇，也颠覆了传统的思维观念。数据科学家维克托·迈尔（Viktor Mayer）曾在其著作《大数据时代》一书中提到了大数据时代在处理数据理念上的三大思维转变，如图 10-1 所示。

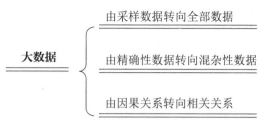

图 10-1 大数据带来的三大思维转变

（1）由采样数据转向全部数据

数据的采集和分析不再受制于时间、精力和财力等因素，不再局限于随机样本，而是可以分析全部数据，甚至可以选择处理某一方面的所有数据，而不是以随机抽样的方式进行处理。

（2）由精确性数据转向混杂性数据

过去需要分析的数据量较少，对数据的精确性要求较高，进入大数据时代后，数据库越来越完善，不再追求微观层面上的数据精确度，而是不断增强宏观层面上的洞察力，更能接受大数据的混杂性，关注的重点也逐渐转移到数据的有效性方面。

（3）由因果关系转向相关关系

以前的数据分析侧重于探寻事物间的因果关系，通常会先做出假设，再收集和分析数据，检验假设是否成立。进入大数据时代后，我们的思维发生了转变，更加关注事物的相关关系，从相关关系中判断正在发生的事件。

除此之外，人们也越来越重视对大数据的商业价值的挖掘。企业不仅可以利用大数据增强自身的决策力、洞察力和流程优化能力，快速获得有价值的信息，还能发挥大数据的价值优势，实现价值创造。

2. 大数据赋能 HR 数字化转型

在人力资源管理方面，大数据主要被应用于薪酬管理、绩效考评、员工离职率控制等分析工作中。基于大数据的人力资源管理能够有效支撑企业进行人才方面的决策，让企业可以通过数据分析提高决策的科学性、合理性。

现阶段，许多企业的规模较小，产生的人力资源数据较少，尚处在 MB 级别，但一些大型互联网公司，例如 BAT（百度、阿里巴巴、腾讯），在办公时会产生大量数据，数据量可达 GB 级别。人力资源共享服务中心在完成与人力资源管理相关的工作时，人力资源数据量会不断增长，因此，BAT 会利用大数据技术和大数据思维在人力资源共享服务中心建设大数据人力资源管理应用，借助大数据向其他企业提供人力资源管理产品和服务，从而通过人力资源转型创造更大的商业价值。

在大数据环境下，HR 从业者需要将自己的思维转化为大数据思维，用数据支撑决策，实现基于大数据的组织活力分析、人才潜能评价、人力资源价值计量等。同时，HR 也要在人力资源管理的数字化变革中不断提高自身的量化思维能力，具体来说，可以从以下几个方面入手。

首先，HR 要学习人力资源数据分析的统计学基础，具备一定的描述统计分析能力，能够利用大数据分析企业的发展趋势。

其次，HR 要学习相关分析、因子分析、回归分析、聚类分析等数据分析方法，具备将这些数据分析方法应用于对绩效评估、满意度评价、离职倾向行为分析等活动和 HR 结果数据的分析当中。

最后，HR 要学习决策树算法等机器学习和大数据分析应用。将大数据分析和经典组织行为学分析对比可以发现，经典组织行为学分析侧重于解释，模型中常用归因理论来说明因果关系。而大数据分析则会采用机器学习算法建模，通过对模型的大量训练和预测发挥作用。

总之，大数据技术对人力资源管理具有深刻影响，人力资源管理部门必须正视大数据时代的到来，将有限的人力资源合理分配至迫切需求的位置，成为组织最得力的战略部门之一，为组织创造核心竞争优势以及长久的发展动力。

大数据赋能组织管理变革

大数据作为新兴信息技术促进了各行各业在管理理念、方式、模式、体系、技术、应用等多个方面的信息化。随着大数据技术与物联网（IOT）、人工智能（AI）等技术融合发展，人力资源管理也开始改变。大数据环境下，为更好地适应内外环境和组织战略，组织不断加强对人力资源数据流的管理，转变管理层的思维，充分认识数据的重要性，抓住大数据发展带来的红利，通过推进大数据应用来推动组织管理变革，从而实现价值创造。

1. 管理方式变革

对于组织来说，吸纳更多高水平、高素质的人才并合理利用才能创造更大的价值，而人才结构是这些人才的组合方式，科学合理的人才结构离不开组织人力资源管理部门的调配、安排和管理。当前，组织形态随着大数据技术的进步不断发生变化，因此组织也要适应变化，积极革新管理方式。

随着市场经济不断发展，组织形态也在不断演进。具体来说，企业形态的演变经历了股东价值形态、精英价值形态、客户价值形态、利益相关者价值形态四种典型组织形态，企业形态会沿着产业价值链逐步由低级向高级进化。大数据技术推动了组织形态和人才结构的革新，逐渐将开放型组织升级为万物互联的组织网络。大数据技术的普及应用也推动了组织更快实现信息数据互通共享。

随着技术的进步和人力资本异质性的突显，组织内的人才层次越来越模糊，人才性质越来越分散。数字时代的人力资源管理不再受传统组织框架的束缚，而是将所有具备独立创造价值能力的人才都纳入人力资源立体网络，以灵活、开放的管理方式进行人力资源管理。

2. 管理体系革新

大数据和信息技术的应用促进了数据开放共享，进而从数据和技术层面为组织的人力资源管理提供支撑。在传统组织管理中，组织职能与分工较为清晰明确，人力资源体系被分为人力资源规划、招聘与配置、培训与开发、绩效管理、薪资管理和劳动关系六个模块。在大数据时代的组织管理中，人力资源管理变得越来越科学和先进，人力资源管理体系也逐渐具备了整体化、流程化、开放化、智能化的特点。

在大数据时代，组织管理者可以用智能化的手段来挖掘、共享和分析数据，从而推动人力资源管理变革，提高组织对人力资源的管理能力，实现有效管理。例如：

① 在管理预测方面，可以通过测量、计算、对比、分析人力资源的流动情况来判断员工的离职倾向，预测离职人数和员工能力成长曲线，从而提前发现问题，减少管理资源和经济成本的浪费。

② 在人岗匹配度检验方面，大数据技术也能发挥作用，组织管理者可以利用大数据监测应聘者是否符合招聘要求。组织可以建立用于选拔人才的数据分析处理系统，在确保信息完整准确的前提下借助系统对比分析应聘者或在职员工与岗位之间的匹配度，并根据分析结果合理安排岗位，提高人力资源配置的科学性、合理性。

3. 管理模式改进

现阶段，应充分发挥大数据与信息化系统建设的融合发展，将大数据作为基础战略资源推动组织可持续发展。基于大数据的人力资源管理已是大势所趋，对组织来说，要充分利用大数据革新人力资源管理模式，优化人才培养和选拔模式，为组织发展提供人才保障。

一方面，组织的人才管理要坚持"以人为本"，充分挖掘人的潜能；另一方面，组织要充分利用大数据和其他信息技术促进信息共享，在智能化的系统平台上集中管理单线信息和碎片化信息，与此同时也不能忽视组织的人文内涵。除此之外，大数据的应用也有助于强化组织在员工培训方面的能力，让组织能够通过人才培育优化人力资源管理。

大数据和信息技术能够为组织营造信息化的学习环境，组织中的员工可以通过中国大学 MOOC 等课程学习平台免费获取大量学习资源。企业可以搜集组织和员工的发展需求，根据需求确定课程和学习计划，并与课程学习平台合作推进培训课程的落地。

不仅如此，利用大数据和信息技术建立的大数据信息服务平台能够有效提高企业人力资源管理模式的信息化程度，让企业能全天候记录、分析、处理员工日常工作中产生的数据信息，并迅速得出分析结果。大数据信息服务平台具有极强的数据计算能力和极快的信息处理速度，能在一定程度上代替人工完成数据处理工作，有效提高人力资源部门的管理水平和工作效率，推进信息技术与人力资源管理的融合。

HR 大数据的应用场景

大数据技术是一种能够从海量数据信息中快速获取有价值的信息的数据分析技术，在 IBM 提出的大数据 5V 理论中，大数据具有规模性、多样性、低价值密度、真实性、高速性的特点。因此，企业可以利用大数据技术实现人力资源量化管理。

HR 大数据涵盖了企业内外关于人力资源管理的所有数据，而 HR 大数据分析就是利用企业级的 HR 大数据平台，针对企业在业务和管理上的需求开发数据分析应用场景（如图 10-2 所示），具有数据分析量大、数据可靠性高、数据价值密度低、数据增长速度快、数据分析结构多样等基本特征。近年来，我国企业越来越重视大数据技术与 HR 管理的融合应用，有少数技术水平较高的互联网企业已经开始自主研发企业 HR 数据平台，其他大多数企业一般会选择使用 HR 数字化管理软件中的大数据技术应用。

图 10-2　HR 大数据的应用场景

1. 员工分析

企业可以借助大数据采集并分析行业特性、员工个人信息、职业发展信息、企业业务特征等数据信息，从而精准预测员工的职业发展倾向，便于人力资源管理部门提前采取相应的手段促进员工与企业共同发展。不仅如此，企业还可以借助基于云存储和云处理技术的信息处理软件分析处理上网痕迹信息等原始数据，并生成分析结果，支持企业人力资源管理部门的决策。

例如，谷歌的人力资源管理部门会利用员工数据追踪计划优化人力资源管理，从本质上来看，员工数据追踪计划就是采集和分析员工的各项数据信息。与此同时，谷歌还组建了人力创新实验室（People Innovation Lab）团队，在实验中探寻最佳管理方式，谷歌的人员分析团队还针对招聘环节进行数据分析，致力于缩短招聘周期，简化招聘流程。

2. 人岗匹配

企业可以利用大数据技术提取各个岗位所需的能力要素和资质要素，生成基于大数据的人才画像，从而搭建起能够快速搜寻人才、精准识别人才的机制，快速找出高绩效员工，并以岗位需求为依据设计人才测评问卷，通过分析高绩效员工填写的问卷来完善人才画像，进而根据自身人才需求在员工数据库中筛选与岗位相匹配的员工，实现员工才能的高适用、高发挥，将人才作用最大化，实现企业和员工双赢。

例如，我国的人力资源管理一体化解决方案提供商红海云十分重视对数据的采集、管理和应用，率先将大数据技术应用于人力资源管理，采集大量企业人才数据，生成员工职业发展路径图，实现对员工的能力、业绩、潜力、优势、不足等多项信息数据的智能化分析，从而构建完整、全面、立体的人才画像，帮助企业精准地找到人才。

3. 人才培养

企业可以利用大数据技术采集和分析员工在使用技术设备学习时产生的大量数据，进而评估员工的知识水平、技能水平，发现员工在知识方面的漏洞和在业务技能方面的不足，并通过数据分析了解员工的需求和学习习惯等信息，从而针对不同的员工设计个性化的培训方案，完善企业的人才培养制度体系，助力企业高质量发展。

4. 薪资激励

激励机制是影响企业发展的重要因素，但由于企业人力资源管理者通常不了解行业中各个岗位的薪酬水平、应聘者的期望薪资以及员工对各项福利政策的态度等，在实施薪酬激励决策时缺乏有效信息的支撑，难以保证激励措施充分发挥作用。大数据技术的应用为企业人力资源管理部门提供了获取信息的渠道，只需借助大数据信息共享平台就能查询和分析整个行业的薪资水平，从而通过薪酬管理提高自身薪酬竞争力。一方面，企业可以以竞价的方式进行薪酬谈判，促进薪酬分配市场化，从而平衡应聘者的薪资和行业的薪资水平；另一方面，企业可以借助大数据信息平台充分掌握不同员工的不同需求，从而根据不同的需求发放不同的福利。

5. 绩效改进

大数据分析能够在人力资源管理的多个环节发挥重要作用，在员工绩效方面，大数据分析可以创新绩效管理模式，提高员工的绩效水平。

在使用大数据技术分析预测关于人的数据时，预测的准确度会受到人的主观性和能动性的影响，预测的结果可能会出现偏差。因此在进行大数据分析预测时需要将环境变化等因素考虑在内，企业如果按照实际需求及时调整策略将会提高最终结果的准确度。

6. 领导力发展

领导力的发展对企业和员工都十分重要。对员工来说，不断提高自身的领导力有助于在激烈的市场竞争中获得晋升的机会；对企业来说，发展领导力有助于完善人力资源管理工作。因此大量企业积极构建领导力发展体系，但由于在领导力评估方面还存在不足，领导力的发展较为缓慢。随着大数据技术的发展，企业可以将大数据技术融入领导力发展体系，从而精准记录、评估、考察、分析各个管理人员的领导力，并为每一位员工设计定制化的领导力发展路线图，为其提供专门的发展指导。

阿里 HR 大数据应用的实践

大数据时代的到来为电子商务行业带来了巨大的发展机遇，阿里巴巴积极融合自身的资源和经验推出数据、金融和平台三大战略，充分发挥数据的作用。阿里巴巴还专门建立"数据委员会"，在多个业务场景中进行实践，真正做到用数据创造价值。

阿里巴巴利用大数据分析改进人才考核，优化人才的选、育、用、留、出，用大数据辅助人力资源管理，革新绩效考核制度，并将考核时间从年底改到秋季。

阿里巴巴的秋季考核制度就是利用大数据分析预测员工在该年度的业绩水平，若预测结果比往年的业绩水平低，那么管理者将会按实际情况及时对员工当前的业务进行调整，而较低的业绩预测结果也能在一定程度上给员工施压，激发员工的斗志。这种提前考核的制度既合理利用压力激励法激发了员工的潜能，也给各个员工和业务部门打好了年底考核的"预防针"，让他们有时间去调整业务和提高绩效。

大数据分析的预测功能无法完全保证预测结果的准确性，特别是有人参与的预测会受主观性和能动性的影响，预测数据的准确度可能会有所降低，因此，企业在应用大数据分析时也要根据实际情况进行一定的调整，例如阿里的秋季考核就是以将考核时间向前调整的方式激励员工，从而有效提高业绩。

第十一章
云时代的 HR 数字化转型策略

云计算时代 HR 管理的机遇与挑战

在现代企业管理中，人力资源管理是最为重要的一项管理活动，其在提升企业竞争实力方面发挥着不可替代的作用。随着云计算技术的飞速发展和广泛应用，人力资源管理迎来了发展的新机遇，并有望快速实现全面数字化升级，但受人力资源数据、云计算技术特征以及网络环境等的影响，人力资源管理也面临着一系列挑战，具体如图 11-1 所示。

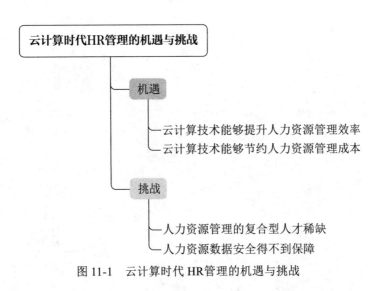

图 11-1　云计算时代 HR管理的机遇与挑战

1. 云计算时代 HR 管理面临的机遇

现阶段，新一代信息技术迅猛发展，并为各行各业发展带来了巨大的红利，云计算技术是其中一种。在云计算时代，人力资源管理迎来的机遇可以概括为以下两方面。

（1）云计算技术能够提升人力资源管理效率

云计算技术具备动态可扩展、灵活性高、可靠性高等优势，能够实现数据的快速、准确、安全处理。在人力资源管理领域，员工在工作过程中会产生海量多类型的数据，而传统数据处理方式一般以人工为主，效率低下且易出现差错，不利于人力资源决策的制定。云计算技术能够结合其他新兴技术，对这些数据进行全面整合与智能分析，这不仅可以大幅提升人力资源数据的处理效率与准确率，而且又能够充分释放数据的价值，从而使得人力资源管理效率得到全面提升。

（2）云计算技术能够节约人力资源管理成本

云计算技术能够提升人力资源管理的智能化与自动化水平，尤其是在人力资源数据的采集和处理方面。数据自动化处理系统一方面能够降低数据处理出错率，从而降低人力资源管理的成本；另一方面能够缩减管理人员规模，从而降低人力成本。此外，企业只需要在购进云计算技术与相应软硬件设备时支付费用，后续的维护与更新都不需要再额外支出费用，这也进一步节省了人力资源管理的成本。

2. 云计算时代 HR 管理面临的挑战

由于云计算技术是一种新兴技术，其应用系统还没有达到完全成熟的水平，而且在人力资源管理中的应用也处于探索阶段，因此人力资源管理对云计算技术的应用也面临着诸多挑战，主要表现在以下两方面。

（1）人力资源管理的复合型人才稀缺

云计算作为新一代信息技术之一，技术性非常强，其操作系统对操作人员的技术要求非常高，而现阶段我国相关的技术型人才较为稀缺。同时，云计算在人力资源管理领域的应用能够促进人力资源管理理论与管理模式的创新升级，这就要求管理人员改变传统观念和管理方式，加强新知识学习，以适应新时代下人力资源管理的发展，但这也需要一个漫长的过程。目前这种既掌握新型人力资源管理的基础知识，又具备云计算技能的复合型人才非常稀缺。

（2）人力资源数据安全得不到保障

云计算技术应用于人力资源管理中，必然会涉及员工的大量隐私数据。现阶段网络安全程度尚有待提升，云计算系统也有待完善，因此，在这个网络互联与信息高速传送的时代，在进行人力资源数据收集与分析时，可能会出现数据泄露现象，特别是员工隐私信息，一旦泄露将会带来严重的后果。这样一来，在利用云计算系统采集员工信息时，员工可能会拒不配合，这样不仅会降低人力资源管理的质量和效率，而且会阻碍人力资源管理的数字化转型。

云技术在 HR 管理中的应用

云计算本质上是一种数据远程加工处理的工具，它能够结合移动互联综合技术将规模庞大的数据分散成无数个细小任务进行处理，再汇总形成最终的处理结果。云计算作为一种分布式计算技术，具有"按需所取、即用即付"的特点，它能够将各种优质资源汇聚到一起，充分挖掘海量数据的价值，再通过信息与技术共享，提供生产、生活所需的资源。

云计算将所有的数据处理工作移到云端来进行，将终端设备从繁杂的数据处理工作中解脱出来，没有了数据处理的压力，终端设备变得更加简洁、轻便、多样，用户在使用时，只需要将设备连接网络，就能实现多种操作。

从企业视角来看，云计算既是一种新兴技术，也是一种管理方式。现阶段，国内外很多先进的网络公司、管理咨询公司（如 IBM、Oracle、SAP 等）已经开始研发并推广云系统，管理软件开发商（如用友、金蝶等）也已研发出基于云计算的管理软件。可见，云计算技术正在人力资源管理领域逐步渗透（如图 11-2 所示），且拥有着广阔的应用前景。

图 11-2　云技术在 HR 管理中的应用

1. 云数据

云计算在人力资源数据系统中的应用能够消除"信息孤岛"的问题。现阶段，经济发展迅速，生活节奏加快，越来越多的企业呈现出员工规模庞大且流动性强的特点，传统的人力资源信息系统已不能满足现代化企业的发展需求。基于云计算技术创建人力资源云数据库，能够打通各独立单位的数据通道，实现数据之间的衔接、共享与追溯，从而有效保证人力资源数据的完整性与可靠性，提升人力资源管理效率。

2. 云协同

云平台能够强化员工与企业的协同。基于云计算的人力资源管理平台能够为所有员工提供一个私人账号，员工可通过移动设备或 PC 网页登录账号进入云平台中进行访问和操作，比如查询自己的薪资与福利、签到签离、请假等信息，这不仅能够实现企业与员工的实时动态联络，而且可以实现居家办公或远程办公。

3. 云监控

基于云计算的数据处理结果能够提升人力资源管理决策的科学性。企业运行过程中会产生海量数据，这些数据组成的数据库也像是一个监控系统，反映企业内部一切运行情况。在人力资源管理领域，管理者可以通过对云数据的分析，掌握员工工作情况，及时发现问题，优化管理决策，同时也可以通过与其他部门的协作，调整业务内容，进而从全局角度优化企业运行策略。

4. 云绩效

基于云计算的数据分析能够提升绩效管理的效率。绩效管理流程通常包括目标设定、执行监管、绩效考核等环节，每个环节都会涉及庞大的工作量，包括数据分析、沟通协作等。借助云技术创建云绩效管理平台，并将绩效管理的所有工作纳入该平台来执行，对战略目标进行科学拆解，并合理分配给每个员工。同时云平台能够量化分析执行过程中的各种要素，实时掌握战略进展详情。此外，云技术能够保证考核信息传输的即时性与准确性，从而保证绩效考核的精准度，进而提升绩效管理效率。

5. 云知识

员工可以通过云平台不断学习新知识、获取新技能。在这个知识经济时代，企业在运行过程中会积累大量的知识、经验与技能，而通常这些重要资源会掌握在企业少数高管手中，不利于员工的学习和提升。而依托云技术创建内部共享的云知识平台，不仅可以让全部员工学习到优秀的经验与先进的知识，全面提升员工技能，还可以集思广益，促进这些知识资源的丰富和优化。现阶段，公共领域的云知识培训已经取得了突破性进展，企业也应当借鉴其优秀经验，结合自身发展情况，大力发展企业内部云培训。

基于云计算的 HR 管理信息系统

人力资源是企业赖以生存和发展的重要资源，其优劣决定着企业的生死存亡。人力资源管理信息系统具有信息搜集、信息处理、信息储存、信息发布的功能，能够支持人力资源管理活动的开展。近几年，随着新一代信息技术和先进管理理论的发展，以传统事务管理、数据管理为主的人力资源管理信息系统已不能满足现代企业发展的需求，亟须借助云计算技术对其进行创新与优化（如图 11-3 所示），使其能够为不同管理者提供不同信息，从而提升人力资源管理决策的科学性。

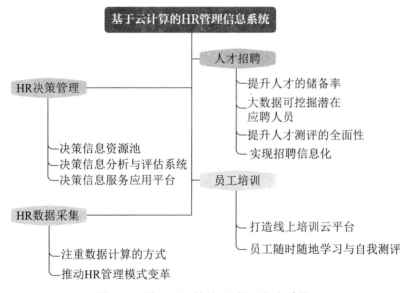

图 11-3　基于云计算的 HR 管理信息系统

1. 人才招聘

人力资源管理信息系统是企业招聘人才、应聘人员求职的重要平台，能提供两者所需的海量信息。随着云计算与该系统的融合，应聘人员、企业、招聘服务机构等能够在这一系统中实现互动和协作，从而能够显著提升企业招聘效率和应聘人员的求职效率。

（1）提升人才的储备率

基于云计算的招聘信息系统能够根据事先设定的招聘要求收集海量求职者的简历，并对收集的简历进行自动化、智能化的初步筛选，保留符合招聘要求的简历。同时系统还可以根据关键词定向查找简历，并自动向相应求职者发送职位邀请信息，以扩充人才储备。

（2）大数据可挖掘潜在应聘人员

云计算技术应用于人才招聘，一方面可以优化传统招聘形式，比如传统猎头公司招聘、内部招聘等，能够有效避免信息不对称问题，提升人才招聘的客观性与科学性；另一方面还可以催生出更多先进、便捷的招聘形式，比如互联网招聘、移动招聘软件等，这些软件可以利用大数据、物联网等技术捕捉和分析求职者输入或浏览的信息，掌握求职者的偏好和需求，为其提供职位推荐，同时企业也能根据这些信息挖掘潜在求职者，降低人才开发与筛选的成本，提升招聘效率。

（3）提升人才测评的全面性

在传统人才测评中，测评内容相对不全面，且大多是由管理者来执行，测评过程往往主观性较强，从而影响测评结果的科学性与可参考性。而云计算招聘系统能够结合大数据技术丰富测评内容，实现人才全方位测评，同时减少测评过程中的人为干预，实现科学的人才测评。

（4）实现招聘信息化

企业可以将云计算、移动互联网等技术相结合，在企业官方网站创建招聘专栏，在专栏上发布所有招聘相关的信息，比如岗位介绍、薪资福利、企业文化等，并利用云计算、大数据等技术实现招聘信息的实时更新，同时设立"一键投递"按钮，方便求职者在线投递简历，弥补传统纸质简历不易投递或难以保存的不足，实现招聘信息化。

2. HR 决策管理

云计算结合大数据技术为人力资源管理信息系统赋能，能够优化和提升其决策功能，具体表现为：对海量人力资源管理数据进行快速、精准的处理和计算，释放数据的深层价值，管理者可以根据数据处理结果制定并优化管理决策，提升决策的合理性与科学性，从而提升企业管理水平和管理效率，推动企业实现长足发展。

基于云计算的人力资源管理信息系统的决策层包含三个层面，即底层的决策信息资源池、中间层的决策信息分析与评估系统、上层的决策信息服务应用平台。云计算技术能够通过对资源池与数据处理过程的优化，最终提升用户服务水平，实现用户的周期性与随机性服务。

实际上，云计算在决策层信息服务平台中的应用，就是对海量繁杂的数据进行可视化处理，以表格、图表等形式直观地展示数据内容，从而帮助管理者实现科学决策。

3. 员工培训

人力资源管理信息系统能够借助云计算技术创建线上培训平台，并结合移动互联网技术实现云培训。企业将自身发展历程中积累的知识、经验系统地纳入线上培训平台，同时从外部购进相关培训资源，打造一个完善的、体系化的、智能化的线上培训平台。企业可以依托平台定期开展员工培训，员工也可以根据自身需求随时随地进行学习与自我测评，从而全面提升员工的工作能力。

4. HR 数据采集

人力资源管理过程会产生规模庞大、种类繁多的数据，对这些数据进行分析和应用，又会推动整个信息网络产生更多的信源和信宿，而信源与信宿越多，系统中的信息就会越多，不断循环，那么这就形成了所谓的"大数据"。为进行大数据的处理和分析，大数据技术、云计算技术等数据处理技术被研发出来，基于大数据技术和基于云计算技术的数据管理侧重点不同，前者注重数据的分析、处理和存储，后者注重数据计算的方式。

人力资源管理领域的大数据包括人才招聘、生产、营销等过程产生的数据，这些数据在格式、标准、来源方面可能会存在一些差异，采集层对这些数据进行感知与收集的同时，还需要按照一定要求对其进行转换，形成质量符合标准的大数据资源，并将其传输至通信支持层，这是一个完整的 HR 信息采集过程。

基于云计算的人力资源管理信息系统是人力资源管理数字化转型过程中的产物，也是实现人力资源数字化战略的必要工具。它能够实现云计算、大数据、移动通信等技术与管理学、运筹学等学科理论在人力资源管理领域的综合应用，能够促进人力资源管理信息系统的功能由单一化向多元化、智能化方向拓展，帮助管理人员挖掘数据价值、明确管理思想、提升决策能力，从而推动人力资源管理模式的颠覆式变革。

人力资源如何拥抱云时代？

随着云计算技术的发展和应用，人类社会进入云计算时代，各行各业迎来了发展的新机遇，各行业领域也积极做出相应改变，提升自身领域的发展水平。那么人力资源管理领域该如何拥抱云时代？主要对策如图 11-4 所示。

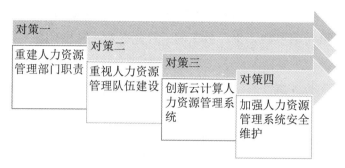

图 11-4　人力资源拥抱云时代的主要对策

1. 重建人力资源管理部门职责

在传统的人力资源管理中，工作分配不均衡、职责不明确的问题一直存在，使得管理者无法有效发挥人力资源管理的职责，从而无法调动员工工作积极性，难以发挥员工的价值，也就阻碍了企业的快速发展。因此，企业要考虑重建人力资源管理部门的职责。企业可以将内部所有部门的职责进行整合归类，借助云计算技术对各部门的职责进行重新规划，全面提升各部门工作效率。同时，企业也要根据云计算下的人力资源管理信息系统对人力资源组织架构、管理理论、管理流程、管理目标等进行创新和变革，从而全面推动人力资源管理的数字化转型。

2. 重视人力资源管理队伍建设

人力资源既是驱动企业发展的重要引擎，又是企业竞争实力的象征。云时代的到来对人力资源管理者提出了更高的要求，管理者不仅需要掌握人力资源管理的基础知识，还需要具备云计算技术的熟练运用能力。

然而，我国现阶段相关的复合型管理人才极为稀缺，这对人力资源管理数字化转型乃至企业数字化转型都极为不利，因此，企业要重视新型人力资源管理队伍的建设，一方面，将信息技术理论纳入企业管理理论中，强化员工的信息化意识，另一方面，加强云计算知识与技术操作方面的培训，并鼓励其付诸实践，提升员工的云计算技能，从而创建素质高、能力强的人力资源管理队伍。此外，政府也要鼓励高校加强技术型人才的培养，增加创新型人力资源管理人才的供应。

3. 创新云计算人力资源管理系统

在传统的人力资源管理系统中，人力资源管理涉及的内容通常局限于人才招聘、培训、调岗、绩效考核、薪资福利等基本领域，这就导致管理者无法真正掌握员工的技能、偏好乃至性格特点等，也就无法进行个性化管理，从而无法彻底发挥人力资源管理的价值。因此，在云时代，企业应当积极应用云计算技术，结合企业自身发展情况和人力资源组织架构对人力资源管理系统进行创新升级，基于云计算的人力资源管理系统应当具备更丰富的人力资源管理内容和功能，同时，该系统应当能够支持管理者与员工之间的实时交流互动，从而在提升人力资源管理效率的同时，实现人力资源的优化配置。

4. 加强人力资源管理系统安全维护

云计算技术的应用离不开网络的支撑，而现阶段我国的网络环境并非绝对安全，易出现信息泄露、网络病毒入侵等问题。鉴于云计算技术的数据计算功能，其在运用过程中会涉及海量信息，特别是对人力资源管理领域而言，信息安全极为重要。因此，企业应当注重云计算人力资源管理系统的安全维护，比如定期为系统和软件杀毒，研发人力资源管理系统的专用防火墙，提升系统抵御风险的能力，从而保护人力资源信息的安全。

总体而言，云时代下，企业人力资源数字化转型的步伐将会大大加快。云计算技术赋能现代企业人力资源管理，将会推动管理模式升级，促进管理者与员工的高效协同，提升管理者决策效率和水平，实现高效的人力资源管理，从而提升企业的竞争实力，实现企业的长远发展。因此，企业要抓住机遇，创建云计算人力资源管理体制，推动人力资源工作流程的创新升级，充分发挥云时代的人力资源管理职能，完善人力资源管理技术体系，唯有这样才能充分享用云计算带来的红利，实现企业的可持续发展。

第十二章
RPA 技术：HR 管理流程自动化

自动化未来：当 RPA 遇见 HR

人力资源部门是企业不可缺少的一个重要部门，不仅承担着稳定员工队伍的重任，而且肩负着改善企业工作环境的重要使命。但在现实的工作中，HR 往往困于一些重复的工作任务，包括处理大量数据、对员工资料进行更新与验证等。

为了应对企业用人成本增加、数字化产品在企业广泛应用、企业数字化升级趋势愈发明显的发展形势，企业的人力资源部门也开始进行数字化转型，而且这种数字化转型得到了企业界的广泛认可与肯定，越来越多的管理者认为人力资源部门的数字化转型将对企业发展产生积极的推动作用。

因为人力资源部门的工作比较复杂，覆盖了人事招聘、员工福利、薪酬绩效、员工培训等场景，所以其数字化建设任务也比较繁重。人力资源数字化的一项重要任务就是引入 RPA（Robotic Process Automation，机器人流程自动化）简化工作流程，提高部门运作效率，将员工从繁杂的工作中解放出来，让他们将更多时间与精力投放到更有价值的战略性任务上。

1. RPA 技术的应用优势

RPA 是一种智能化软件，通过模拟人类与计算机的交互过程打造一个自动化的工作流程。RPA 的引入不会对企业现有的业务系统造成太大冲击，基本不需要编码，应用门槛比较低，对业务人员的技术素养要求不高，不仅可以模拟人类，还可以对光学字符识别、语音识别、虚拟助手、高级分析、机器学习及人工智能等技术进行集成应用，实现自动化目标。RPA 应用于人力资源管理，不仅可以提高 HR 的工作效率，降低 HR 的工作负担，还可以为人力资源部门的数字化转型，乃至整个企业的数字化转型产生积极影响。

相较于人工操作来说，RPA 有七大优点，如图 12-1 所示。

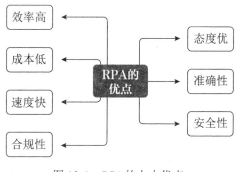

图 12-1　RPA 的七大优点

● 效率高：RPA 可以不间断地处理各项工作，切实提高各项工作的开展效率。

● 成本低：RPA 的实施成本、维护成本都比较低。

● 速度快：由于 RPA 可以不间断地处理大量重复性的工作，所以其工作速度要比人工操作快很多。

● 合规性：RPA 工作的整个过程会被完整地记录下来，保证各项操作完全符合规定，有效控制业务风险。

● 态度优：RPA 可以 7×24 小时不间断工作，而且始终保持良好的工作态度。

● 准确性：RPA 可以以 100% 的准确率执行各项任务。

● 安全性：RPA 可以通过职责分离、存取控制、加密算法等保证各项数据的安全。

基于上述优点，RPA 比较适用于标准化程度高、体量大、规则明确、不需要人为干预的工作流程与场景。目前，RPA 技术已经在政务、医疗、教育、公共服务、电商等领域实现了广泛应用。RPA 技术与人工智能相结合，也在制造业、客服、财税、银行、保险、政务、人力资源、法律等领域实现了广泛应用。"AI+RPA"集成了两项技术的优点，随着市场需求的扩大，其应用场景将不断拓展。

2. RPA 助推 HR 管理自动化

在企业数字化转型的大背景下，人力资源管理也要实现数字化转型。虽然人力资源管理的各项工作都是围绕人开展的，但不能一味地依赖人，需要适时引入 RPA 技术实现数字化转型。

以简历筛选为例，简历筛选虽然简单，但工作量极大，需要 HR 投入大量时间与精力。引入 RPA 之后，HR 可以提前设置简历筛选要求，引导 RPA 从各个渠道收集简历，并按要求对简历进行筛选，将 HR 从简历筛选工作中解放出来，投入到其他可以创造更高价值的工作中去，例如人才甄别等，提高招聘团队的人效产出。

除简历筛选外，RPA 在人力资源管理领域的应用还有很多，例如下面几方面。

● 用于员工入职、离职数据的维护，员工花名册编写，员工试用期到期提醒，公司纪念日提醒等。

● 与财务、行政等部门共享员工信息，消除部门之间的"数据孤岛"，真正实现员工档案管理自动化、有序化。

● 辅助 HR 回复员工的业务咨询，例如公司的福利政策、差旅报销制度等。

● 批量发送邮件，向目标员工发送消息通知，保证员工不错过每一条消息，降低 HR 与员工之间的信息同步时间成本。

总而言之，RPA 应用于人力资源管理不仅可以将 HR 从简单、重复的工作中解放出来，挖掘部门的工作价值，还可以让员工投入更多时间与精力来提升自己，不断提高个人技能，丰富工作体验，专注于自我价值的实现，进一步提高企业管理与运营的数字化、智能化水平，实现降本增效。

例如，企业可以在人才的选、用、育、留中使用数字化 HR 管理软件，促进人力资源管理自动化。一般来说，大数据、AI、RPA 等数字技术不会被单独应用在人力资源管理中，而是多项技术互相融合，共同作用，进而推动企业人力资源管理走向自动化、自助化和智能化。对于企业来说，技术只能作为辅助工具，能够为企业的决策提供依据，助力企业发展，但并不能代替人来完成决策。

技术的进步会节约劳动力，但数字技术的应用也能创造大量新的就业机会，因此，劳动力的数字技能水平才是影响其就业的关键因素。技术和工具的使用能够在一定程度上让人摆脱大量烦琐、重复性的工作，让人有更多的时间和精力投入到更重要的工作中，从而创造更高的价值。

管理流程与效率的革命

据安永会计师事务所调查研究，重复性工作会占用人力资源管理者约 93% 的工作时间，而自动化能够代替人力完成约 65% 的工作，在人力资源管理领域部署 RPA 能够将 HR 从简历筛选、考勤管理、离职管理、面试邀约、员工入职、员工数据管理等事务中解放出来，让 HR 有更多的时间和精力去完成人才开发等更具价值和战略性的工作。

RPA 在人力资源领域主要有以下几方面的应用。

● 利用预设的程序按照与岗位的匹配度给应聘者的简历排序并持续跟进。

● 根据应聘者信息自动生成完整的个性化面试邀请函。

● 创建员工入职流程，配置 IT 系统。

● 薪酬管理流程自动化。

● 跨系统自动抓取不同来源的审查数据。

● 确认费用报销申请，并对出现异常的报销单据进行标记。

● 同时在多个系统自动录入和更新数据。

● 跨系统进行数据整合和转换，产出数据分析报告。

在不使用 RPA 的情况下，企业的人力资源管理部门需要将大量时间和精力花费在筛选简历、分析简历与岗位的匹配度、邀约面试、跟踪应聘者的状态并上报等烦琐的工作中；而在使用 RPA 的情况下，企业的人力资源管理部门就可以通过 RPA 机器人阐明招聘需求和招聘规则，并对结果进行验证，有效简化招聘流程，让人力资源管理人员将更多的时间放在人才库建设和人才跟踪等工作上。图 12-2 所示为 RPA 在人力资源领域的应用场景。

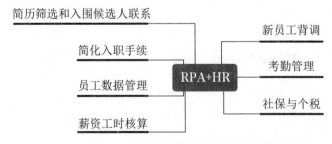

图 12-2　RPA 在人力资源领域的应用场景

1. 简历筛选和入围候选人联系

RPA 软件机器人能够代替 HR 完成简历筛选和人员联系工作。在人力资源管理的招聘环节，通常会有大量数据处理、资料更新、资料验证等工作需要 HR 来完成，RPA 软件机器人可以通过运行程序自动处理并保存各类文书和资料的数据，并分别向入围的候选人发出通知，能够有效简化招聘流程，大幅提升工作效率，从而帮企业聚集更多高质量人才。

2. 简化入职手续

RPA 软件机器人能够以自动化的方式辅助人力资源部门完成新员工入职工作手续的办理。在人力资源管理的入职环节，HR 通常要完成同步数据、创建新账户、授予访问权限、分发电子邮件地址等多项工作，而 RPA 软件机器人可以自动抽调数据完成激活账户和向新员工分发文件、凭证等资料的工作，并快速为新员工创建员工 ID，能有效减少 HR 在员工入职环节花费的时间。

3. 员工数据管理

RPA 软件机器人能够帮助 HR 高效管理员工数据。在员工管理工作中，HR 需要处理现有员工数据、新员工数据和供应商数据等大量信息数据，工作量较大。而运用 RPA 软件机器人进行员工管理不仅可以在最大程度上避免数据输入错误，还能定期清理数据，保障各个数据库之间的数据兼容性，既能大大减轻人力资源部门的工作压力，也能确保员工管理工作的高质高效。

4. 薪资工时核算

RPA 软件机器人能够辅助 HR 快速完成员工薪酬核算和工时核算工作。在薪酬管理环节，HR 通常需要处理大量员工薪酬数据、管理工资单、了解学习新的税法、掌握新的报告要求等，工时和薪酬的核算周期较长，若使用 RPA 机器人进行核算，则可以跨系统收集和处理各项数据，大幅提高薪酬核算效率，与此同时，还可以以报告和轮班情况为依据统计工时，发现并改正其中的错误。

5. 新员工背调

RPA 软件机器人能够辅助 HR 进行新员工背调。在新员工背调环节，HR 通常需要收集大量新员工信息，并对新员工的姓名、家庭地址、出生日期、学历背景、工作背景等各项信息进行全面核查和交叉验证，信息量较大，而 RPA 软件机器人可以用更快的速度从输入源自动采集多个维度的新员工信息并进行交叉验证，与此同时，还可以在无人参与的情况下生成流程报告，从而有效提高背调工作的效率。

6. 考勤管理

（1）考勤时间统计

员工考勤是 HR 的一项日常工作任务，主要包括统计员工的工作时间与出勤时间，对员工的工时记录进行核对。RPA 可以自动统计员工的工作时间与考勤时间，自动对员工的工时记录进行核对，一旦发现数据异常就会立即向相关负责人发出提醒，由负责人做出调整，以切实提高员工考勤效率，减轻 HR 的工作负担。

（2）部门考勤核对

HR 每个月都要从系统中导出两个表格，一是请假表，二是考勤表，通过对比生成缺勤人员名单，这一工作交由 RPA 执行会变得非常简单。RPA 可以在后台直接对员工的请假数据、考勤数据进行核对，快速找到缺勤人员，生成相应的名单。

7. 社保与个税

（1）社保公积金结算

RPA 用于社保公积金结算，可以代替 HR 对结算单数据进行核对，找到有问题的数据，将没有问题的结算单数据汇总在一起形成报表，然后将其导入文件制作系统或者相关业务系统，完成社保公积金结算。

（2）个税申报

个人所得税申报需要 HR 登录税收管理系统，逐个完成公司员工的个人所得税申报。即便员工的个人所得税为零，无须缴纳，也需要登录客户端进行操作，浪费了 HR 大量时间。RPA 用于个人所得税申报，可以从纳税主体信息表中提取公司信息，然后自动登录税收管理系统进行零税额个税申报，并将申报结果记录在指定表格中。

基于 RPA+AI 的 HR 解决方案

面对数字化转型趋势，HR 需要借助 RPA、AI 等技术对各项业务流程进行数字化改造，将自己从重复、单调的工作中解放出来，充分释放自己的创造力，承担更多高价值的工作任务，获得更明显的竞争优势。

"RPA+AI"可以简化人力资源的工作流程，提高招聘工作的人效比，对各类数据进行高效处理，生成可靠的数据分析报告等。下面我们对基于 RPA+AI 的 HR 解决方案进行具体分析，如图 12-3 所示。

图 12-3　基于 RPA+AI 的 HR 解决方案

1. 学历验证机器人

大多数公司招聘新员工时都要登录学信网验证新员工的学历。如果公司的员工流动性比较大，需要经常招聘新员工，HR 就要不断地登录学信网，对比关键字段，对员工的学历进行验证。基于"RPA+AI"的学历验证机器人可以让员工学历验证实现自动化，机器人可以从 HR 系统中获取需要验证学历的新员工名单，自动登录学信网进行关键字段比对，提高学历验证效率，进而提高整个招聘流程的效率。

2. 简历筛选解析录入机器人

在招聘过程中，HR 为了找到适合的候选人，需要登录不同的招聘网站发布招聘要求，从不同的招聘网站搜索简历、下载简历，对简历进行分析，将符合要求的简历输入内部招聘系统。RPA 简历筛选解析录入机器人可以对简历进行解析，按要求提取简历中的关键字段信息，将其复制到指定的 Excel 文件或者直接输入企业的内部招聘系统，还可以对从不同招聘网站获取的简历进行对比，识别信息完全一致的简历（同一人在多个网站投放简历），从而提高简历筛选效率。

3. 数据核查机器人

HR 在发放薪资、对人力数据进行分析之前要对人力数据的准确性进行核查，保证各项数据准确无误。传统的数据核查需要借助 Excel 来完成，不仅需要 HR 投入大量时间与精力对数据进行一一比对，而且容易出错。RPA 可以 24 小时不间断地下载数据报表，对报表中的信息进行一一核查，包括员工的姓名、身份证号、薪资、级别、职业标准化程度等，并将核查结果以报告的形式通知相关负责人，以提高数据核查效率，减少 HR 在数据核查领域投入的时间。

4. 薪资发放机器人

在发放薪资之前，HR 要做大量数据统计工作，包括统计员工的考勤情况，核算绩效、五险一金、补贴、提成、奖金等，而且要将数据统计结果制成表格，录入工资系统，核算结束后要生成工资单，发放给员工。HR 每个月都要在这项工作上投入大量时间与精力，尽量保证每项数据准确无误，以免因为数据错误造成不良影响。

事实上，工资核算流程相对固定，输入的数据虽然规模很大，但大多是重复数据，完全可以利用 RPA 进行处理。RPA 机器人不仅可以自动收集员工的休假考勤数据，自动核算员工的考勤情况，还可以根据薪资计算结果自动生成工资单，发放给员工，极大地减轻 HR 的工作负担。

5. 入职管理机器人

在新员工入职之前，HR 要向新员工收集入职信息，并根据入职日期为新员工准备好公司账户、电子邮件、IT 设备，并开通应用程序的访问权限。如果同一时间入职的员工比较多，HR 很容易忙中出错，或者遗漏一些工作。RPA 入职管理机器人可以根据入职员工的信息自动激活新员工入职流程，通过电子邮件向新员工发送入职文档，自动登录不同的系统完成新员工入职之前的准备工作。

6. 答疑沟通机器人

人力资源共享服务中心的 HR 要负责回答员工的各种问题，例如公司的规章制度、请假流程、绩效考核政策等。在招聘过程中，HR 也要回答候选人的各种问题。这些问题大多是重复的，消耗了 HR 大量时间与精力。基于"RPA+AI"技术的答疑沟通机器人可以代替 HR 完成这项工作，利用先进的语音识别技术与员工沟通交流，回答员工的各种问题，不仅可以减轻 HR 的工作负担，而且可以带给员工更好的解答体验。

7. 发送通知机器人

HR 在日常工作的过程中经常需要向员工发送通知，例如放假通知、培训通知等。基于"RPA+AI"技术的发送通知机器人可以自动下载员工名单，按照预先设置的模板自动生成通知邮件，将邮件按照 HR 预先设置的条件自动发送给相应的员工，极大地提高了通知发送效率。

第四部分

业务场景篇

第十三章
数字化人力资源分析

HR 数据分析的主要类型

随着新一代信息技术的快速发展和广泛应用，金融、互联网等领域已经率先引入大数据、人工智能等技术以深入挖掘行业数据的价值，并且其运用逐渐趋于成熟。然而在人力资源管理领域，大多数管理者的管理工作仍依靠直觉与经验进行，而没有依靠数字技术对数据进行客观分析，数字化程度依然处于初级阶段。在当前的数字时代中，数字技术开始向人力资源管理领域渗透，不断推动着人力资源管理的数字化转型。

大数据、人工智能等新一代数字技术正不断冲击着金融、互联网等领域的发展，为其带来前所未有的数字化变革。而在人力资源管理领域，运用更多的是基于事实、数据和模型的定量分析法，数字技术在该领域尚缺乏均衡的发展。尽管定量分析法同样可以带来管理效益的提升，却偏离了数字时代发展的轨道。

关于人力资源管理理论的探讨，在互联网时代的初期，人力分析（HR Analysis）的概念就已被提出，并研发出相应的软件系统，然而当时的人力资源分析也仅仅停留在表层，只能针对员工年龄、学历、薪资等基本信息做出简单统计报表，无法就这一系列信息进行深度分析，更无法将其作为管理和决策的依据，相关数据的应用价值未被充分挖掘。从目前的态势来看，大部分企业的人力资源管理者依旧按照经验与直觉来开展人力资源管理工作，缺乏对人力资源数据的重视，更缺乏利用数字技术对人力资源数据进行客观分析的意识和能力。

那么，人力资源管理者应该关注和收集哪些数据呢？具体如图 13-1 所示。

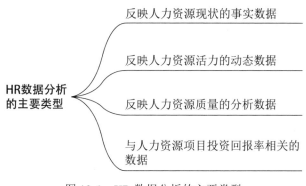

图 13-1　HR 数据分析的主要类型

在进行人力资源管理的过程中，我们可以从时间、成本、数量、质量及满意度等多个角度来考察工作成效，实现人力资源管理工作的数据化与可视化。这就要求人力资源管理者增强对一系列相关数据的重视程度，对数据进行实时采集、整合与分析，从数据维度推进人力资源管理的数字化进程。

1. 反映人力资源现状的事实数据

人力资源现状数据指能够展示截至目前的一段时间内人力资源组织结构基本特征的数据，包括人员数量、员工年龄及学历等。可以每月进行一次此类数据的汇总，并对各个自然月的数据进行比较，便于管理者观察和分析人力资源现状及需求。

2. 反映人力资源活力的动态数据

人力资源动态数据一般指涵盖人才招聘周期、人才招聘种类、招聘完成度及核心员工流失率等在内的动态数据。对于这类数据，管理者要时刻注意市场行情变化，对此类数据多加积累，对比分析企业内外部人才流动情况，及时优化调整企业人力资源策略。

例如，通过数据分析和对比发现某个岗位的招聘周期变长了，此时需要准确掌握导致该现象的内在原因，究竟是供给侧市场相关人才减少，还是需求侧企业人才招募计划不合理，抑或此类人才大多流向竞争企业，等等。动态数据能随时反映人力资源管理体系的健康程度，推进管理政策优化。

3. 反映人力资源质量的分析数据

人力资源质量的分析数据是能够反映企业人力资源运行效率的数据，包括人力成本、人力资本投资回报率、员工工作积极性、员工满意度等。通过企业自身数据分析及与业内其他企业数据对比，掌握组织运行效率，发挥人力资源对企业发展的驱动作用。

企业在不同的发展阶段此类数据的差异较大，人力资源部门可以根据这些数据类别创建相应的数据分析模型，掌握当期企业的发展情况，推行合理的企业管理政策及薪酬激励政策，带动员工工作积极性，提升工作效率。

4. 与人力资源项目投资回报率相关的数据

人力资源资本投资回报率的相关数据指通过对人才招募和管理成本、人才在相应岗位的工作产出等数据进行量化分析，衡量人力资本投资回报的相关数据指标。比如，学习数据、行动反馈与改进数据等。

数据收集、整合、分析与呈现

在数字时代，大数据、物联网等技术的深入应用为企业发展带来了空前的机遇，深化了企业各个领域的数字化变革，开拓了企业发展的多种形态。单就人力资源管理领域来讲，数字技术带来的先进管理手段，正冲击着该领域的传统管理模式，并且数字技术作为关键核心技术，不断推动着人力资源管理的数字化转型。

数字技术的发展和应用为人力资源管理带来了机遇，不断驱使着企业组织架构和企业文化的重塑与升级，推动人力资源分析方法的变革，促进工作流程与方式的创新，全面推进企业人力资源管理的数字化、现代化发展。

在数字化时代背景下，不断扩展的数据数量和数据维度正逐步推动现代化人力资源分析系统的完善，主要表现在两个方面的变革，即人力资源数据的收集与整合、数据的分析与呈现。

1. 数据收集与整合

在传统的人力资源数据分析工作中，主要收集员工的籍贯、年龄、学历、薪资等简单数据，并且分析方法与结果展示也较为简单，不足以深入了解员工情况。而在现代化人力资源分析系统中，利用数字化手段不断扩展员工数据收集的广度和深度，通常包含生理数据、行为数据及关系数据三个维度的数据，如图 13-2 所示。

① 生理数据：主要指反映员工身体素质的数据，通常可以借助智能可穿戴设备或现代化新型设备获取。这些数据是重要的先天人力数据，是企业辨别员工身体素质和工作潜力的重要依据。

图 13-2　现代化人力资源分析系统中收集数据的维度

② 行为数据：一般指反映员工生活习惯及行为轨迹的数据，通常可以利用大数据、物联网等技术手段来获取，包括员工的学习数据、娱乐消费数据、求职简历投递情况等。通过这些数据能够掌握员工的受教育程度、工作经历等，便于企业了解员工的文化素质。

③ 关系数据：通常指反映员工人际关系网络的数据，主要包括工作沟通与合作情况、邮件往来等数据，这类数据能够帮助企业确定员工的工作状态，并将其作为人力资源社交网络分析的重要依据。

通过以上三类数据的收集与整合，能够全面掌握员工的受教育情况、工作技能、薪资水平等情况，并将其应用到人力资源决策与管理过程中，同时允许企业其他部门进行数据共享，进而制定更为准确合理的商业决策，全面提升企业的综合发展能力。

2. 数据分析与呈现

数字时代同样为数据的分析与呈现带来了新方法，其中以人工智能技术和深度学习技术的应用最为典型。

一方面，在人力分析工作中，借助人工智能技术和深度学习技术创建员工数据模型，结合神经网络、经济学模型等，可以增强员工数据分析的专业度与自动化程度，大幅提高数据分析速度与准确率，逐步提升人力资源分析的现代化程度。同时，发挥大数据技术的优势，对海量员工数据进行深度挖掘和剖析，精益求精，将数据的潜在价值释放出来，形成特色的人力资源数据资产。

另一方面，在数据呈现上，借助数据可视化技术等对数据分析结果加以呈现，形成相关统计和预测报告，并将其作为人力资源决策依据，同时结合企业核心战略与市场行情，制定科学合理的人力资源策略并促进其落地实施，推动企业的长足发展。

基于大数据的人力资源规划

人力资源数据的收集与整合、分析与呈现都是基于人力资源分析的组织架构来进行，数字技术在以上两方面的深入应用，反向推动着人力分析组织的变革，促进企业加大数字型人才招募力度，以扩充现代化人力资源管理队伍，满足人力资源分析数字化变革的需求。

同时，数字技术的应用也带动着人力资源分析流程的变化。传统的人力资源分析业务，通常遵循发现问题、收集分析数据、解决问题的流程，但这套流程效率较低，且具有一定的滞后性，不利于企业的发展。而将大数据、人工智能等技术应用于人力资源分析中，能够充分调动数据的活性，结合市场动态对人力资源分析业务进行流程优化。

大数字为人力资源部门带来的变革并非仅限于以上几个方面，人力资源管理工作的全流程也发生了一系列变化。在上述几方面变革的带动下，人力资源管理工作的定位首先得到了提升，它不再仅仅关乎员工职业生涯，而逐渐与企业业务运营乃至企业整体的宏观政策挂钩。在数字化时代，人力资源数据已逐渐成为企业核心战略制定的重要参考要素之一，这也推动了企业人力资源规划的变革，具体如图13-3所示。

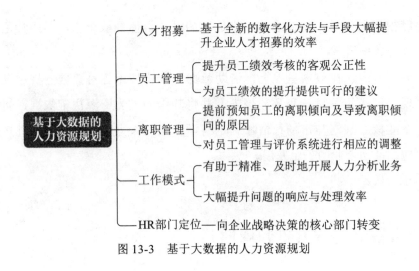

图 13-3　基于大数据的人力资源规划

1. 人才招募：全新的数字化方法与手段

数字技术带来了新的方法和手段。在传统的招募方式中，以招募网站或猎头方式居多，但同样也存在较多弊端，比如对员工情况了解不深入、信息不对称、招募效率低下等。而大数据技术能有效避免这些问题，凭借规模性、多样性、高速性、价值性和真实性的优势，全面掌握目标人员的相关信息，自动与企业人才需求进行匹配，并筛选出最适合的候选人，大幅提升企业人才招募的效率。

2. 员工管理：基于数据分析的动态考核

通过大数据技术，对员工的生理数据、行为数据及关系数据进行实时收集与动态整合，一方面能够充分了解员工的定量业绩数据，提升员工绩效考核的客观公正性；另一方面能够准确掌握员工工作特点、工作效率及可能存在的问题，为员工提供可行的建议以促进绩效的提升。

3. 离职管理：针对员工离职倾向制定相应措施

借助大数据技术对员工出勤请假情况、沟通关键词、工作积极性、绩效变化等相关数据进行整合分析，提前预知员工的离职倾向及导致离职倾向的原因，并采取相应针对性措施进行干预，视情况开展一定的挽留工作或新员工招募工作，同时对员工管理与评价系统进行相应的调整，使其更人性化、公正化。

4. 工作模式：提升 HR 决策与响应效率

在人力资源工作模式方面，数字技术改变了以往管理者凭直觉与经验进行决策的工作方式和理念，为管理者提供了数据驱动的现代化人力资源分析模式，这不仅能够精准、及时地开展人力分析业务，使分析结果更具客观性，而且能够提前预测人力资源管理中可能出现的问题，并及时采取措施加以遏制，同时能够大幅提升问题的响应与处理效率，进而提升企业的长期竞争力。

5. HR 部门定位：向企业战略决策的核心部门转变

在人力资源管理部门的定位方面，数字技术的应用促使其从职能支持部门向企业战略决策的核心部门转变。在大数据时代，人力资源已逐步成为企业发展的重要核心资源，企业发展逐渐由市场争夺战转变为人才争夺战。通过数字化技术开展现代化人力资源管理，借助数字型人才的力量推动企业重大战略目标的实现。

此外，企业组织架构的设计也受到数字化的影响。要想实现上述各方面的数字化变革，就需要实现企业内部不同部门间的数据共享，打造相关数据链，综合企业各部门业务，顺应企业数字化转型战略，构建符合现代化人力资源管理的企业组织架构。

　　人力资源管理中的数据分析业务实际上是一个客观行为，但由于传统分析模式中主观因素占比较重，因此，分析结果的科学性和参考性都有待提升。换句话说，传统的人力资源管理相当于主观思维的验证行为。而在基于新技术的现代化人力资源管理业务中，借助大数据技术对相关数据进行全面采集与动态分析，在提升分析结果的客观性与参考性的同时，提升数据分析的速率与准确度，缓解管理者的数据分析压力，提升人力资源管理与决策的效率。因此，数字化时代背景下，企业可以组织相关培训，强化员工的数字理念，提升其数字技能，不断推动人力资源管理的数字化变革。

HR 数据分析的痛点与解决之道

　　进入大数据时代以来，企业面对的外部环境发生了巨变，内部环境也发生了一定的改变，这给人力资源管理带来了一定的挑战。为了适应技术变革带来的种种变化，企业要积极利用大数据技术对人力资源管理工作进行改革，紧抓大数据等技术变革带来的机遇，快速适应大数据时代的企业发展新形势。目前，人力资源工作在使用大数据方面面临着很多问题，下面对这些问题以及问题的解决方法进行具体探究。

1. 数据安全与隐私保护问题

　　数字化时代背景下，由于现代化人力资源管理业务需要员工生理、行为、关系三类数据的支撑，因此在数据收集过程中可能会涉及员工隐私，这可能激起员工的抵触情绪，在数据采集过程中出现不愿配合等情况，从而导致采集的数据不全面、不准确或不具参考性，这样一来，一方面对企业开展现代化人力资源管理产生不利影响，另一方面会降低员工对企业的信任度，消磨员工的工作积极性，不利于企业的长久发展。此外，这一现象还可能受到来自社会各界的舆论压力，给企业的形象和口碑带来负面影响。

在数据驱动的现代化人力资源管理模式中，员工全方位数据是支撑业务开展的重要因素，这就需要收集员工的多维数据，但这些数据会涉及员工的个人隐私，一旦发生数据泄露，后果将不堪设想。因此，保护数据安全是人力资源管理的重中之重，也是保障现代化人力资源管理顺利推进的关键所在。鉴于此，我们可以从以下几方面做出应对，如图13-4所示。

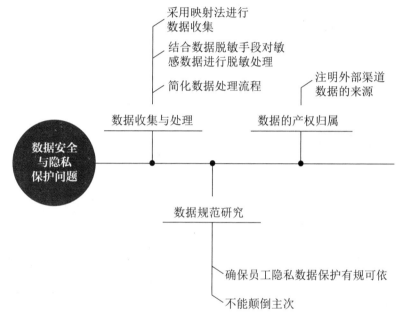

图13-4 数据安全与隐私保护问题的应对策略

首先，可以采用映射法进行数据收集，这种方法能够实现员工个人信息与身份信息的相对隔离，实现用时显示，不用时隐藏，避免涉及员工隐私的信息一直处于对外显示的状态。同时，结合数据脱敏手段将员工个人敏感数据进行脱敏处理，保障员工隐私数据的安全。此外，在进行数据加工处理时，可以借助先进技术手段进行自动化、一体化处理，简化数据处理流程，降低数据泄露风险。

其次，相关监督机构、主管部门、研究机构等，可以联合开展数据规范研究，出台一系列保护数据隐私的法律条文、行业准则等，划清数据使用与保密的界限，用法律手段来约束数据过度展示、数据使用不规范的情况，确保员工隐私数据保护有规可依。需要注意的是，切不能为了过度保护个人隐私数据，限制其在现代化人力资源分析中的应用，不能颠倒主次，否则将无法开展人力资源管理的数字化变革，相关法律条文也将失去其原有意义。

最后，要根据法律规章，明确数据的产权归属问题。人力资源分析的数据由两部分构成，即内部采集的数据和外部渠道共享的数据，因此，在数据使用时，必须要注明外部渠道数据的来源，一方面方便人力资源部门在数据研究时追根溯源，另一方面避免不必要的数据产权纠纷，也能帮助人力资源部门顺利进入下一步的探索。

2. 创新现代化人力资源管理理论

随着新技术的持续应用，人力资源管理部门对于复合型数字人才的需求不断扩大，然而，相关复合型人才的紧缺成为人力资源部门现代化变革面临的重要挑战。从目前的市场情况来看，一方面，由于现代化人力资源管理业务起步较晚，而其他领域的数字化发展程度较高，导致本就稀缺的数字人才多数流向其他领域；另一方面，由于人力资源管理业务的特殊性，相关人才需要付出大量成本才能掌握业务，这也导致相关人才的短缺。

随着数字化技术在人力资源管理中的深入应用，传统的人力资源管理理论已不再适用，主要表现在两方面。

一是利用大数据技术对人力资源进行分析时，较为重要的数据因素在传统人力资源管理理论中无法匹配到相应管理理论，也就无法解释其原理，更无法就这一数据因素调整管理措施；二是传统理论较为重视的数据因素，在传统人力资源分析中是有效的，但在数据驱动的现代化人力分析中却已不奏效。

因此，在数字化时代，必须要依据大数据技术在人力资源管理中的应用实践，进行人力资源管理理论的革新，使其更加契合现代化人力资源管理发展的需求，打造理论与实践相结合的局面，这也是我们未来的研究方向之一。

3. 基于大数据的人力资源匹配解决方案

数字化时代背景下，经验驱动的传统人力资源管理模式逐渐向数据驱动的现代化人力资源管理模式转型，在这个过程中，必定存在经验驱动与数据驱动共存的局面，而实现两者的相互融合是促进人力资源高效管理的关键，也是转型的关键。

在实际应用中，人力资源部门负责人一方面要借助大数据技术对海量相关数据进行实时收集与动态分析，另一方面要结合自身经验对数据分析结果进行研究和解读，从而做出更加客观的判断，制定更加科学的人力资源管理策略。但要想在实践中真正做好数据驱动与经验驱动相融合，是一项艰难的工作，同样也是一项重要的挑战。

因此，企业要不断开展数字化管理的相关培训，逐步提升人力资源部门负责人的数字化素养，同时负责人也要不断修正自身经验，改进处理方法，深化数字理念，努力成为数字化时代人力资源管理领域的佼佼者。当然，这也不是一蹴而就的事情，需要企业、管理者、市场、社会等各方共同奋斗，长期协作。

从目前的就业市场来看，信息不对称、市场不透明的情况还一直存在，企业在搜寻合适的人才时，仍需要付出较高的成本。然而数字化时代的大数据技术能够帮助企业有效实现人才匹配与招募，因此，在人力资源管理中，应当注重大数据等技术的应用，建立并完善人才信息库，结合企业的人才需求，快速精准地匹配到最优人才，提升企业人力资源管理效率。此外，应当构建人力资源的统一身份认证机制，便于企业与人才市场的筛选，同时能保障企业的合法权益，也能减少求职者收到重复的职位邀请，实现数据的有效流通。这也是未来研究的重要方向。

数字化时代为人力资源管理带来了新的发展驱动力，带动了人力资源分析模式、组织架构、组织文化等领域的创新与变革，推动了人力资源管理的数字化升级。但在此过程中，员工隐私保护、人才筛选与培养、数据确权等新问题也随之诞生，我们唯有主动拥抱数字化时代，充分发挥大数据技术的优势，积极探索数字化时代人力资源管理的新模式，推动人力资源管理部门由辅助支持地位向战略核心地位转变，才能助力企业实现长久发展。

第十四章
数字化人才招聘

技术驱动的招聘变革与转型

从 18 世纪 60 年代至今，人类社会共经历了四次工业革命，每次工业革命都推动人类社会迈向一个新台阶。第一次工业革命以蒸汽机代替手工生产为标志，首次解脱了工人的双手，开启了"蒸汽时代"；第二次工业革命以发电机的应用为标志，开启了"电气时代"；第三次工业革命也被称为科技革命，以计算机、航天技术等的应用为标志，开启了信息时代；第四次工业革命以大数据、物联网、人工智能等技术的快速发展与应用为标志，开启了智能化时代。

1. 数字化时代的招聘变革与转型

近几年，大数据、人工智能、AI 等技术呈现出快速发展的趋势，并迅速应用于各行各业，使各行业的发展效率得到显著提升，未来有望为各行业开辟更广阔的价值创造空间。招聘作为人力资源管理的重要环节之一，也在招聘的各个阶段展开了不同技术的应用。经历了多次升级转型，招聘工作变革主要表现在招聘渠道与招聘形式的变化。

① 在招聘渠道方面，招聘平台经历了三次重大变革，分别是线下的报

纸招聘、PC 端的网页招聘、智能手机端的软件招聘，这都得益于移动互联网的发展。近几年，随着新一代信息技术的快速发展，大数据、AI 等技术在招聘各环节中的应用愈加成熟，技术赋能招聘平台也带来了更加科学有效的人才筛选机制，使得招聘效率得到显著提升。

② 在招聘形式方面，互联网的各类社交媒体的应用极大地丰富了招聘形式，比如，雇主可以利用短视频等工具对公司进行宣传，既能扩大公司知名度，又能广泛吸引与岗位适配的人才，有效提升招聘效率。

特别是近两年，新冠疫情的影响使得线下招聘活动几乎无法开展，招聘平台也因此开拓了多种便利的线上招聘渠道，这不仅使得招聘平台的技术化推进得以提前，而且也为日后招聘平台的技术深化创造了有利条件。

2. 技术与效率：开启招聘流程自动化

近几年，大数据、AI 等技术逐渐走向成熟，在网络招聘领域也得到了深入应用，特别是 AI 技术下的语义分析、机器学习等分支技术使得招聘各环节更加智能和高效，从而带动整个招聘产业链的智慧化升级，使网络招聘的效率得到显著提升。

① 人岗匹配。对求职者而言，AI 技术能够获取求职者的言语信息、投递记录等，并结合大数据技术对这些信息进行精准分析，从而掌握求职者的求职偏好与目标岗位，为其推荐合适的职位。对企业雇主而言，AI 技术能够智能优化发布的职位信息，同时结合招聘要求对求职者进行智能筛选，并自动给合适的求职者发送职位邀请信息，提升招聘效率。

② 人才测评。AI 技术能够结合心理学知识，对企业候选人进行智能测评，从而得到更加客观、公正的测评结果。

③ 入职管理。AI 结合大数据技术，对员工入职信息进行智能分析，并根据员工技能和岗位要求制定个性化的培训方案，进一步提升人岗匹配度。

值得一提的是，大数据、人工智能等技术赋能招聘活动，并非利用智能机器人等代替人工来开展招聘工作，而是简化招聘流程中各环节的工作，提升各环节的处理效率，从而提升招聘官对于细节工作的专注度，最终提高招聘工作的效率。

3. 趣味与互动：招聘渠道与形式的变化

现阶段，短视频行业、直播行业的发展如火如荼，短视频娱乐化的特点及直播互动性的特点能够帮助各类短视频平台吸引大量用户，这为各行业的发展带来了前所未有的机遇，各行业纷纷开始涉足短视频、直播等领域，发挥平台优势增强客户黏性，从而推动自身行业发展。招聘行业也抓住机遇，利用短视频平台拓展招聘渠道，丰富招聘形式，改变招聘风格，增强招聘的互动性与趣味性，以吸引更多求职者的目光，从而快速匹配到适岗人才。

短视频是企业与求职者展示自我形象的载体，也是两者互动的支持平台。企业雇主可以先通过视频与求职者进行简单互动，初步了解求职者的能力，评判求职者与岗位的适配度，再通过直播的形式开展线上面试，与求职者深入交流，完成整个面试流程。这样可以提升每个环节的效率，合理把控面试节奏，节省面试时间，从而实现高效招聘。

招聘平台的数智化实践

自 2020 年新冠疫情暴发以来，政府便不断出台防控措施，为响应疫情防控政策，各地区的企事业单位等也都暂停了线下一切公开招聘活动，纷纷改到线上举行，事业单位的考试活动也纷纷延期，尽可能地降低疫情扩散的风险。

然而，这对招聘平台来讲是一个非常有利的机会，招聘平台加速了与AI、大数据等技术的融合，推出一系列线上招聘产品，如视频面试、AI 面试、直播面试等，线上招聘产品不受时间和空间限制，能有效避免人员聚集的情况，既符合疫情防控的要求，又能节省事业单位、企业、求职者的时间和成本，使招聘活动得以正常进行。

此外，技术赋能招聘活动并非只适用于疫情期间，在后疫情时代同样适用，并且随着招聘平台持续的技术创新，越来越多的招聘产品将会被研发出来，届时有望进一步提升面试效率，推动招聘行业的数字化发展。

疫情防控期间，各大招聘平台推出的 AI 面试、视频面试等功能受到了企业雇主与求职者的广泛好评，使用频率也非常高，开启了线上面试的热潮。

目前，AI 面试服务在企业招聘中的应用仍处于探索阶段，未来 AI 技术将会在招聘行业持续渗透，不断研发更多高效便捷、针对性更强的功能和产品，全面提升招聘效率。另外，视频面试服务基于其便捷性与普适性，正在为越来越多的企业所使用。

此外，很多招聘平台也推出了在线测评等工具，主要应用于人才的筛选过程，这类创新型工具能够对候选人进行全方位考察，包括工作能力、社交能力、兴趣爱好、生活习惯等，以帮助企业更好、更全面地了解求职者，从而筛选出最优人选。

招聘平台能够连接企业雇主与求职者，一方面帮助企业雇主筛选合适的人才，另一方面帮助求职者匹配合适的岗位，实现人岗精准匹配，这也是其核心逻辑与核心价值。依托招聘平台，企业雇主可以随时发布岗位信息，求职者也可以随时投递简历。在新兴技术迅猛发展的背景下，未来更多新颖的招聘形式有望被拓展出来，比如智能机器人与求职者的无障碍沟通等。

当然，招聘方式的创新也至关重要。招聘平台可以借助新兴技术，根据招聘前、中、后的不同业务内容推出不同的功能。

● 招聘前，利用 AR、VR（Virtual Reality，虚拟现实）等技术创建动态招聘页面，求职者可以身临其境地参观公司。

● 招聘中，借助 VR 技术，结合直播互动与候选人展开"面对面"交流，全面了解候选人的特征与能力。

● 招聘后，结合 AI、大数据等技术全方位评估候选人与岗位的匹配度，为招聘决策提供参考。需要注意的是，这一系列技术应用的目的是辅助 HR 提升招聘效率，减少重复工作对 HR 价值的消耗，而并非直接取代 HR。

总体来说，目前各类技术在招聘行业中的应用仍不成熟，特别是在高效精准招聘、求职者实时反馈等方面还存在一些难题，但各大招聘平台非常重视新兴技术的应用，相信在不久的将来，AR、VR、大数据、人工智能等技术将会带来更实用、更智能、更便捷、更高效的招聘模式，全面解决人岗精准匹配、招聘效率提升等方面的痛点问题，推动招聘行业的数字化、智慧化变革。

建立企业数字化人才库

随着信息技术的飞速发展和计算机的普及，人类社会逐渐进入信息化时代，传感器、移动设备、人工智能、机器人等智能设备和先进技术的应用改变了人们的生产方式和生活方式，大数据技术的进步也推动了数字经济的发展。由此可见，企业进行信息化、数字化转型已是大势所趋。

在人力资源管理方面，企业的信息化转型不仅要搭建人力资源管理信息化平台，还要为人力资源部门打造数字化的工作环境，利用各种先进的数字技术创新工作方式。而人才招聘作为人力资源管理中的重要环节，也要进行信息化转型。

人才招聘是人力资源管理工作中最早开始数字化的环节。采用电话面试、视频面试、网络招聘等人才招聘形式的招聘人员都需要用到电话、电脑等数字设备，招聘网页和招聘 App 等招聘渠道也需要用到数字技术和数字网络。

随着网络、视频和数字技术的不断发展，人才招聘的信息透明度逐渐提高，企业招聘技术人才的方式也不断发生变化。当前，招聘方不仅要注重搜集和选拔人才，还要重视优化求职者的求职体验，并具备构建和管理双方关系的能力，企业的人力资源管理人员的岗位职责会比之前更丰富，这要求招聘人员掌握更多的技能。

企业应建立数字化人才库，增强自身的人才管理能力和数字化人才团队建设能力，以便根据业务需求快速组建项目团队。

首先，企业要明确需要的人才应当具备何种技能，根据此类限制条件筛选出企业需要的人才，其次通过与相应人才的交流互动，基本了解相关人才的偏好、期望薪资、应聘途径、生活习惯、兴趣爱好等，最后整合两方面的信息创建并完善具有企业特色的信息池。值得一提的是，信息池的内容除包含相关待遇、招聘要求等，还应当包含候选人相关需求的完美解决方案，这样才能提升企业的竞争力与吸引力。

企业不仅要建设好企业内部的数字化人才库，还要重视互联网大数据，充分利用招聘网站和互联网社交平台等搜集人才信息，不断拓宽获取人力资源的渠道。

社交媒体从诞生到现在，已经经历了多次变革升级。在如今的社交媒体时代，各式各样的短视频充斥着人们的眼球，这些短视频在拉近人们之间距离的同时，也为很多行业或部门带来了机遇。招聘行业也应当抓住短视频的风口，将社交媒体的红利转化为人才招聘的力量与手段，制定社交媒体招聘策略，提升招聘效率与数字化水平。

比如，在各个平台上创建公司的官方账号，定时发布视频宣传公司形象、传播企业文化等，同时借助大数据技术了解潜在候选人偏好的视频类型，不断优化视频内容与风格，以吸引更多的潜在候选人观看。

随着信息数字技术的发展，越来越多的企业开始利用社交平台搜寻人才。比如，企业的招聘人员可以通过职场社交平台 LinkedIn 关注和自己有联系的人，并从中选择符合自身要求的人，关注这些人的人脉圈、工作地和他们推荐的人等，再从推荐的人中搜寻能够满足招聘需求的人。这种方式能够有效拓宽寻找人才的渠道，丰富人力资源储备，帮助企业的招聘人员更高效地找到合适的人才。

　　企业数字化转型的本质是商业模式的数字化变革，而并非简单地引入先进技术或电子设备，而人力资源作为企业发展的驱动力量，HR管理的数字化转型将会是带动企业数字化升级的重要引擎。现阶段人才模块的数字化转型包括两部分，一是人才的数字化管理，比如线上人力资源管理、线上人才招聘等，特别是新冠疫情期间，进行数字化的人才管理成为企业生存的必要环节之一；二是数字化人才的引进与培养，数字化人才是企业数字化转型的核心驱动力，也是根本保障，因此，招聘并培养一批数字化人才是企业的当务之急。

数字化招聘新体验

　　在数字化时代，企业更加偏好招聘具有一定数字素养的员工，这类员工拥有更强的数字技术运用能力，且能够公开透明地分享信息。

　　员工是企业人力资源部门的主要服务对象，因此人力资源部门要满足员工的合理要求，为其提供一体化、数字化的工作环境，从而优化员工的工作体验，提高工作效率。

　　企业在人才招聘时无法仅仅依靠技术提升人员招聘体验，尤其是在人才紧缺时，企业若要有效增强自身对求职者的吸引力，最终招聘到更多优秀的人才，就必须注重求职者体验。同时，招聘是一种双向选择，企业的招聘流程和招聘人员的实际操作也都可能会影响求职者的判断，进而影响企业的招聘结果。

　　对于应聘者来说，在选择职业或企业时，需要通过更多渠道获取企业信息，加深对企业的了解，也需要更便捷的应聘方式和更真实的工作体验。对招聘企业来说，在进行人才招聘时，需要预先做好数字化品牌建设，实时更新各个网络平台中的企业信息，及时了解求职者的求职体验等，并根据求职者的体验不断优化自身招聘流程。

一方面，招聘官需要具备换位思考的能力，将自身身份与候选人进行互换，体验并测试招聘流程，设身处地地感受面试；另一方面，招聘官要时刻注意候选人的反馈，并据此实时优化招聘计划，也要同时优化网页端和手机端的招聘页面，为候选人提供舒适流畅的浏览体验。

Watson Studio 是 IBM 推出的认知技术平台，能够挖掘、分析、收集用户的社交数据和信息，实现以下功能：

● 在人才招聘中，能赋予空缺职位最高优先级。

● 能检索评论，了解组织和竞争对手的想法。

● 具备"匹配度评分"系统，能根据求职者的技能和兴趣等为其匹配工作。

Watson Studio 能利用自身强大的认知能力和大数据分析能力进行可行性分析。在甄选人才环节，能够为应聘者提供方便，从而优化应聘者的应聘体验。

结构化面试和评价方法是人才招募甄选环节的重中之重，能够影响最终决策的有效性。但传统的人才甄选方式有甄选流程复杂、耗时长的缺陷，不仅增加了 HR 的工作压力，也影响了应聘者的体验。

随着大数据的发展，许多企业开始革新甄选流程，使用各种数字化工具甄选人才。联合利华公司创新人才甄选方式，以 OT（Online Test）在线面试和 AI 视频面试等方式为应聘者提供方便，同时也大大提高了面试效率，并与 Pymetrics 合作开发出 13 款游戏，以游戏化测评的方式考察应聘者的个性、沟通风格等个人特质，实现了应届生招聘的数字化。

因此，许多招聘人员将各种新兴技术应用到人才招聘工作当中，并不断进行社会心理学学习，提升自身的人际关系能力，从而更好地在招聘时把握求职者的心理特征，从情感和心理上入手，提高应聘者对公司的认同度，进而提高人才招聘工作的效率。

第十五章
数字化薪酬福利管理

数字技术赋能薪酬管理

人力资源是企业的重要资源，目前，大部分企业通常以职能管控的方式来管理人力资源，即基于宏观的薪酬总额管控和微观的激励措施，以个人绩效为依据分配整体资源。但这些企业现阶段还存在资源配置不足、服务体验不佳等问题，因此在人力资源管理上往往缺乏灵活性，难以迅速盘活人力资源，也无法保障人力资源的投入产出比。薪酬福利管理是人力资源管理中的重要环节，企业要利用数字技术赋能薪酬福利管理，积极推动薪酬管理的数字化升级。

1. 数字化薪酬管理：公平性与个性化

在传统的薪酬管理模式下，薪酬制定标准大致有三个，分别是岗位、工龄和绩效，薪酬水平每年都会有一定幅度的增长。至于各个岗位的薪酬水平以及每年的涨薪程度，则是由企业管理者决定的，带有一定的主观色彩。进入数字化时代之后，薪酬管理的数字化改革可以让企业为每一个员工制定个性化的薪酬方案，让薪酬政策更公平。图 15-1 所示为传统薪酬管理与数字化薪酬管理的对比。

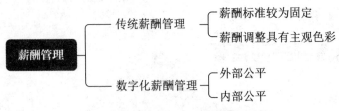

图 15-1　传统薪酬管理与数字化薪酬管理的对比

薪酬政策的公平有两层含义，一是外部公平，二是内部公平，都需要借助数字技术来实现。首先，企业可以利用大数据技术收集海内外同行业的薪资情况，了解行业平均薪资水平，制定出更有竞争力的薪资标准，保证员工薪资与劳动力市场价格相匹配，实现外部公平。其次，企业可以借助人工智能创建一个更科学、更完善的薪酬模型，消除性别、年龄、工龄等薪酬偏见，将员工对企业的贡献作为确定薪酬水平的重要标准，保证员工的薪酬水平与其技能、对企业的贡献相匹配，面向每一位员工设计个性化的薪酬方案，从而实现内部公平。

以 IBM 为例，2016 年，IBM 利用人工智能改造薪酬系统，希望借此提高薪酬决策的透明度。在实践过程中，基于 AI 的薪酬系统对公开发布的薪酬水平等外部信息，以及企业内部与薪酬设计有关的数据进行整合，对员工的任职时间、绩效水平、技能的市场价格、学习倾向等十个要素进行分析，辅助经理制订更合理的薪酬计划。另外，在整个薪酬周期，基于 AI 的薪酬系统还能为经理提供加薪或者不加薪的建议，其中加薪还可以细分为大幅加薪和平均加薪两种，保证薪酬方案与市场需求的变化相适应。

另外，借助大数据算法，企业可以对薪酬设计方案进行动态调整。例如，为了能够灵活地调整员工的薪酬，留住员工，谷歌利用大数据算法开发了一套薪酬预测算法。英国部分大型银行为了了解薪资水平的跨区域差异，提高自己的薪酬方案在不同区域的竞争力，吸引并留住优秀员工，利用大数据算法创建了多水平计算模型。

2. 推动"人、财、业"一体化

为推进企业精细化管理、优化业务资源配置、提高资源投产比、实现资源最优动态调配，企业不仅要继续推进"业财"融合，还要将人力资源融入其中，推动"人、财、业"一体化。在人力资源管理中，薪酬福利管理是与财务关系最为密切的工作环节，因此企业要率先落实薪酬福利管理的数字化转型战略规划，为实现"人、财、业"数字化升级打下牢固的基础。

在薪酬福利管理中，让人力资源直面业务，既有助于企业了解投入产出比，也能帮助企业科学配置人力资源，合理组织劳动力，从而在人力资源管理中盘清存量、盘活增量，高效整合和规划人力资源，提高劳动生产率。

基于当前的薪酬市场化分配机制革新薪酬结构、薪酬模式、薪酬等级等，加强薪酬与业绩之间的联系，联动薪酬激励机制，进一步发挥薪酬在人才保留和吸引中的作用。

"人、财、业"一体化有助于企业提高管理分析能力，便于及时准确地分析和防范潜在的经营风险，确保自身的稳定发展，具体来说，可以帮助企业实时掌握经营状况、确保薪酬制度的合法性、规避有关薪酬的负面舆论等。

薪酬福利数字化建设的挑战

随着人力资源信息化建设的不断推进，薪酬系统中的薪酬福利管理已基本实现信息化，但还需继续推进各个关键环节的自动化，深化与其他系统的集成，强化统计报表的自动生成功能和基础分析功能，进一步加强薪酬福利方面的数字化建设，这对企业来说是个挑战，具体表现在以下几个方面，如图 15-2 所示。

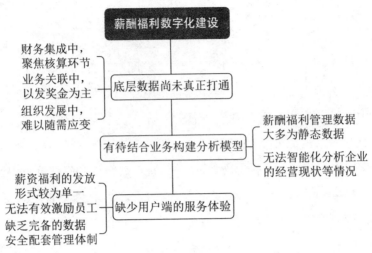

图 15-2　薪酬福利数字化建设的挑战

1. 底层数据尚未真正打通

大部分企业的薪酬数据局限于人力资源管理领域，甚至更小的薪酬计算环节。

（1）财务集成方面，仅聚焦核算环节

在现阶段的薪酬福利管理中，薪酬和财务的对接局限于从计算端到核算端的对接，并未实现财务预算、税收筹划、财务核算、资金管理等整个流程的对接，也未将各个环节的数据统计、分析和预警等内容包含在内。因此，在薪酬和财务对接的过程中往往难以体现出薪酬福利管理。

（2）业务关联方面，以发奖金为主

薪酬和业务之间的关联主要是根据绩效发放奖金，仅仅局限于业务奖励阶段，但在生产经营上关联不足，因此缺乏对各个业务环节投入产出分析的管理，不利于企业进行精益化管理。

（3）组织发展方面，难以随需应变

随着数字化进程的不断加快，企业内部逐渐进化出多种新型组织形态，比如生态型、敏捷型、临时项目型等。但由于企业的薪酬福利管理仍旧采用传统的管理方式来管理薪酬总额和绩效激励，没有关联起新组织中的数据，因此导致激励与业务错位，没有充分发挥出激励的作用，不利于组织的持续发展。

2. 有待结合业务构建分析模型

目前，大多数薪酬福利管理数据是存储于数据库和表单等的静态数据，通常先进行存储，再进行后续统计分析，并未具备针对不同的发展阶段专门构建数据分析模型的能力，因此，无法智能化分析企业的经营现状等情况，具体来说，薪酬福利管理还需实现以下几项功能。

① 对于发展阶段和市场化程度各异的企业，要以战略绩效评价结果为依据专门设计企业薪酬福利管理战略，并将评价结果与高管薪酬、企业工资总额等挂钩。

② 构建人力资源薪酬福利管理数字化模型，制定基于业务的薪酬管理制度，实现以业务质量和工作效率为依据发放薪酬，并根据实际数据生成有效的管理建议，协同管理集团公司、分公司、子公司的薪酬福利。

③ 一些新型组织缺乏完善的人力资源成本管理制度，人力资源成本控制能力不足，在进行人力资源成本分析时，通常采用费用分摊分配统计、划拨等方式。因此，应该广泛采集员工工作体验、薪酬福利感知度、薪酬福利满意度等信息，并对采集到的数据进行分析，以分析结果为依据对员工的薪酬福利进行调整，从而提高人力资源成本的有效性，使投入的成本能够为组织带来更大、更直接的价值。

3. 缺少用户端的服务体验

在大部分企业的薪酬福利管理模式下，企业更倾向于管理，却并没有为员工提供良好的薪酬福利服务体验。一方面，大部分企业都是由企业方发放薪资福利，员工被动接受，且薪资福利的发放形式较为单一；另一方面，大部分企业都会设置薪酬保密制度，禁止员工探询薪酬或讨论关于薪酬福利的问题。

目前，企业的薪酬福利管理数字化应用往往只能用于查询最终的薪酬福利结果，却并未向员工呈现工作价值评估、工作态度评估等对影响薪酬福利的因素的分析过程，无法让员工详细了解自己的工作情况并加以改进，也无法有效激励员工。

在强化企业薪酬福利管理的服务职能方面，当前的企业还缺乏完备的数据安全配套管理体制。企业若要提高自身的薪酬福利管理服务水平，不仅要具备保护员工个人信息数据安全的能力，还要制定更加规范的数据升级和管理制度，并在展示核心业务数据和财务数据等数据时严格遵守制度规范。

薪酬福利数字化的转型路径

就目前的企业数字化建设情况来看，企业的薪酬福利管理数字化建设将会沿着图 15-3 所示的转型路径开展。

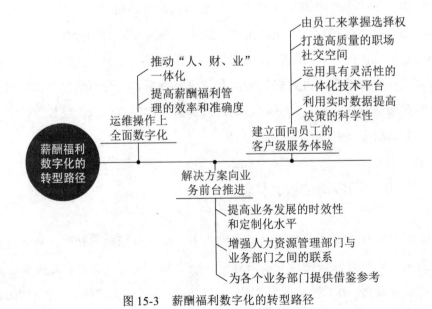

图 15-3　薪酬福利数字化的转型路径

1. 运维操作上全面数字化

未来，数据和数字技术将会是企业进行薪酬福利管理的关键，企业将会以数据为重要管理要素，以数字技术为重要手段，打通企业内外各项职能之间的管理枢纽，融合人力资源数据、财务数据和业务数据，推动"人、财、业"一体化。因此，企业将会基于联通数据和明确的管理规则不断推进薪酬福利管理数字化。

企业薪酬福利管理数字化升级不仅能提高薪酬福利管理的效率和准确度，还能辐射到薪酬福利管理上下游的各个部门和岗位中，弥补薄弱管理环节的不足，全面提高企业管理在运维操作工作中的协同效率和准确度。

2. 解决方案向业务前台推进

当企业管理的运维操作工作实现全面数字化，薪酬福利管理部门就要以企业的业务发展为中心开展工作，并基于企业经营、战略、财务、法律、人力资源管理等多项职能将解决方案推进至业务前台。

薪酬福利管理部门将解决方案推进至业务前台既能有效提高业务发展的时效性和定制化水平，满足组织和业务的差异化需求，也能增强人力资源管理部门与业务部门之间的联系，让人力资源管理部门对业务有更深入的了解，还能推动薪酬福利管理解决方案的数字化，为企业内的各个业务部门提供了参考，便于借鉴调用。

3. 建立面向员工的客户级服务体验

薪酬福利是企业人力资源薪酬管理体系的重要组成部分，也是激励员工的有效方式，能够深化企业与员工之间的联系，因此，薪酬福利管理的数字化升级要重视 To C 端的体验设计，不断优化用户体验。对于企业来说，要利用一体化的管理平台强化员工关系管理，维系员工与员工、员工与企业之间的良好关系，增强员工的归属感和信任感，从而形成强大的竞争实力。企业若采取这种管理方式，那么将会有以下收获。

（1）由员工来掌握选择权

不同的员工往往有着不同的需求，企业若要完全满足每个员工的每项需求，那么将需要支出高额的费用，浪费大量资源，因此企业可以在确定支出额度后，将选择权交给员工，从而最大程度满足员工的多样性需求，优化员工的个人体验。

（2）打造高质量的职场社交空间

企业可以通过建立社群等方式打破员工与员工、员工与企业之间的社交壁垒，为员工提供共享、交流人力资源信息和参与社群活动的空间，从而推动企业可持续发展，促进企业发展计划的落地实施。这种社群社交的方式也有助于职场新人克服社交恐惧，积极建立社交关系。

（3）运用具有灵活性的一体化技术平台

在技术上便于操作的数字化产品能够简化实施计划，优化计划和计划交互的流程，为企业提供更多方便。尤其是大型集团企业和员工分散办公的企业，对该技术的需求更加迫切。

（4）利用实时数据提高决策的科学性

在管理技术一体化平台中，员工可以进行实时信息交互，通过选择生成大量数据信息；企业可以实时掌握员工现状，并通过分析员工的数据信息加深对员工需求的了解，从而针对员工需求调整薪酬福利政策，做出合理决策，提高员工的服务体验和满意度。

基于一体化管理平台，企业可以根据自身实际情况打造个性化的薪酬福利管理服务，彰显企业文化，还可以结合人才管理、组织管理等管理环节，全方位提高企业的管理水平。一体化薪酬福利平台的应用能够有效提高企业整体的人力资源运营水平，加快企业人力资源管理数字化转型的速度，尤其是在员工众多且员工性质复杂的大中型企业中，数字化产品往往能发挥出更大的作用。

　　企业推进薪酬福利管理数字化还要完善相关配套措施。企业要提高自身对个人重要信息的安全保护能力，企业管理者要强化自身的数据思维和技术思维，尤其是薪酬福利管理部门，要不断增强 IT 技术应用能力和数据分析能力，从而让数据和技术成为企业薪酬福利管理数字化转型的主要驱动力。

第十六章
数字化绩效考核

数字化时代的绩效管理变革

绩效管理是人力资源管理的重要组成部分，区别于其他管理业务，它是一种复合型的管理。绩效管理需要管理者与员工共同参与，完成计划制订、方案实施、结果评估、目标实现等流程，是围绕个人、部门及组织绩效提升而进行的活动，涉及组织的各个方面，因此绩效管理也被视为"世界级难题"。

传统的绩效管理通常会具有千篇一律的流程：年初制定全年的总目标，再将其分解为季度目标、月度目标，最终细分成每人每天的目标，每个周期内要对员工工作情况进行评估；年中依据目标完成情况，适当调整工作内容；年末复盘，总结经验，吸取教训，同时制定下一年度的目标，往复循环。

可以看出，绩效管理在企业经营管理中的地位不可撼动，它能够合理拆解企业战略目标，并将其转化为各部门在各阶段的具体工作内容，也就是能够为组织内各系统指引前进方向，结合各个部门的业务内容与特点，释放员工的价值。

然而，随着新一代信息技术的持续进步及其各行业内的深入应用，传统绩效管理逐渐无法满足企业经营管理的需求，更无法跟上经济飞速发展的脚步。绩效管理会涉及海量复杂数据的处理工作，包括目标拆解、考核评估、结果应用等，而在传统绩效管理中，这些工作全部需要人工来完成，不仅准确性差、效率低下，且给管理者造成巨大的工作压力。最关键的是，在数字化经济时代，传统绩效管理无法真正起到激励员工的作用，非常不利于企业的健康发展。

数字化时代绩效管理变革主要体现在四个方面，即绩效管理单元、绩效管理对象、绩效管理周期、绩效管理价值主张。每个方面的变化都会带来不同的成效，下面我们围绕这四个层面进行具体分析，如图 16-1 所示。

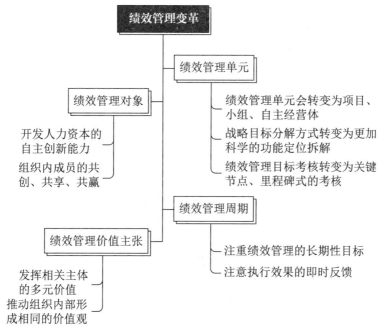

图 16-1　数字化时代的绩效管理变革的四个层面

1. 绩效管理单元

在以"信息爆炸""变化"为常态的数字化时代，外部环境日新月异，具备柔性特点的网络结构因其超强的适应能力脱颖而出，并逐渐取代传统的科层组织体系。组织内部成员间的关系也从传统等级森严的雇佣关系升级为开放平等的合作联盟关系，同时，组织内部分工标准也相应地从岗位、业务流程转变为角色与职能。

这些变化会带动组织内部绩效管理产生连锁变化：绩效管理单元会从部门、科室等转变为项目、小组、自主经营体；战略目标分解方式也从传统自上而下分解转变为更加科学的功能定位拆解；绩效管理目标考核也从周期性考核转变为关键节点、里程碑式的考核。这样可以充分调动员工的积极性，达到"物尽其用，人尽其才"的效果，员工能得到成长，企业也能取得良好的发展。

2. 绩效管理对象

在传统的绩效管理中，管理者与被管理者之间呈现出一种对立的局面，管理者通常具有较强的客体性。这在传统的绩效管理体系中是合理且适用的，但在数字化时代的绩效管理系统中，这并不被提倡。

数字化时代下，绩效管理的最终目标随价值创造要素的变化而发生转变，从以往的追求标准化、精确化转变为开发人力资本的自主创新能力，这样一来，管理者与被管理者之间的界限便逐渐模糊，上下级关系也逐渐被摒弃，取而代之的是组织内成员的共创、共享、共赢。现阶段，越来越多的互联网企业开始采用这种自主驱动、协调、创新的参与式管理模式，注重调动员工积极性、开发员工潜力、释放员工价值，从而达到个人、组织、部门绩效提升的目的，进而推动企业进步。

3. 绩效管理周期

数字化时代中，企业外部环境无时无刻不在发生变化，绩效管理的短期性目标也暴露出一些问题，比如其现实意义不强、员工压力巨大、员工的自主性与创造性难以释放等。因此，管理者应当将绩效管理周期拉长，注重绩效管理的长期性目标，如创新性成果、客户满意度等，并注意执行效果的即时反馈，提升绩效管理效率。

4. 绩效管理价值主张

基于多元化的价值诉求，企业应当综合发挥相关主体的多元价值，实现"取长补短，优势互补"，达到多方共赢的局面。因此，企业还应当推动组织内部形成相同的价值观，从而凝聚组织内部的力量，共同推动企业发展。

综合上述几种变化我们可以看出，数字化时代绩效管理的变化其实是其底层逻辑的变化，在这种变化的引领下，上层业务也会发生变化，从而更容易适应外部环境变化，企业的竞争实力也能在现代化的绩效管理模式下得到显著提升。

数字化敏捷绩效管理策略

绩效管理是企业人力资源管理的核心内容。进行绩效管理的目的永远都不是让管理者时刻监控员工，更不是让管理者与员工对峙，相反，其目的是促进管理者与员工协同作战，为实现组织目标共同努力，并在这个过程中实现共同成长，同时也是为了对大多数员工加以认可和激励，调动员工积极性，发挥员工价值，建立更好的员工关系。

著名管理大师杰克·韦尔奇曾说过："绩效管理的最终目标并非仅使员工达到期望的绩效，而是使他们出于意愿而愿意付出超越职责的努力。"从这句话我们可以了解到，绩效管理的目标是激发员工的积极性，以实现组织目标，并最终实现企业与员工共赢。这就需要绩效管理围绕企业战略来进行，通过战略解码、持续反馈和客观评价制定数字化的敏捷管理策略，具体如图 16-2 所示。

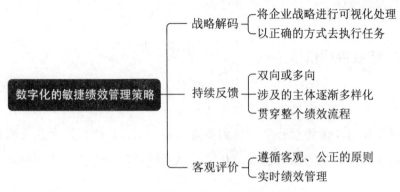

图 16-2　数字化的敏捷绩效管理策略

1. 战略解码：分解企业绩效目标

在"变化"成为常态的今天，企业要想生存和发展，必须要具备敏捷应对企业内外部变化的能力。企业需要对战略目标进行分解，细化成为组织目标、团队目标和个人目标，并最终落实到每个员工。企业可以通过对分解后的目标进行快速调整，以响应内外部变化。

企业在进行战略解码时，各部门应当集思广益、共同研讨，制定合理的、与企业战略目标始终对齐的组织目标，并付诸实施，同时通过持续的过程管理，使员工能够全身心投入到工作中。因此，企业要想实现快速发展，首先要做好战略解码、目标对齐和持续反馈。

具体来看，企业第一步要明确业务关键点，并据其制定关键指标，这样企业领导者才能准确把握企业发展方向，引领企业走向发展的快车道；第二步要根据企业总体目标，促进员工、组织或部门、企业的协同，实现"上下同欲"。在这里可以采用制定员工目标的管理方法。员工目标制定的目的并不是将需要完成的任务简单、无逻辑地罗列在一起，而是将员工个人工作与组织目标乃至与企业战略目标有机地关联在一起，最终达到"上下同欲"的局面，从而实现企业的快速发展。

实际上，战略解码就是按照一定逻辑、理论等将企业战略进行可视化处理，使其转化为易于理解、易于执行的确切目标和任务，使所有员工能够对企业战略有正确的认知，并以正确的方式去执行任务。

在数字化时代，越来越多的企业开始转变员工目标制定的方法，以员工主动设置目标代替员工被动接受目标，这样员工的创造性与主观能动性能够得到很好发挥，更利于企业目标的完成。此外，有的企业也会采用他人发包目标的方式，形成网状的目标结构，动态、综合地发挥员工的价值，同时员工也能实现快速成长。这样的企业，成功地将员工的心态由传统企业的"要我做"转变成为"我要做"，极大地释放了员工的主观能动性，提升了企业的整体运营表现与业绩结果。

2.持续反馈：实时连接员工与管理者

绩效反馈是绩效评估关键的一个环节，也是战略实施过程中及时纠偏的重要途径。传统绩效管理中，绩效反馈通常以一年一度的绩效面谈来实现，而在数字化时代下，实时、持续的绩效反馈逐渐得到重用。

这种实时、持续的绩效反馈通常是双向或多向的，涉及的主体也逐渐多样化，包括管理者向员工的反馈、同事之间的反馈、跨团队的反馈，甚至也有来自公司外部的反馈等。在数字化时代，企业可以借助大数据、云计算等技术对员工社交数据进行整合分析，定位协作最多的员工，并邀请其针对自身工作、个人发展目标等内容进行反馈，这是数字化时代下收集反馈信息的主要手段。

此外，持续反馈应当从员工目标制定开始，贯穿于整个绩效流程中。这样员工可以在管理者的帮助下，明确工作重点，找准工作方向，同时能够根据企业战略目标自主设置挑战性目标，并付诸实践。

反馈是一个必要的管理手段，可以选择公开或者不公开的方式，只要是能够带来进步和成长的反馈，都是被允许的。员工之间可以根据自己的需求，随时邀请同事为自己做反馈，也可以主动给别人做反馈。经理也可以主动邀请别人给自己的下属进行反馈。这样可以促进员工全方位提升。

这种持续反馈无疑能够为企业带来更好的发展，但在实际应用中也会遇到一些难题，比如要求员工与管理者能够实时连接，对管理者的辅导能力提出了更高的要求，等等。管理者需要为员工指明重点任务，在员工工作不合理时及时帮其纠正，同时激励员工积极挑战新事物或新目标，促进员工不断成长。

3.客观评价：全时常态、数据驱动

绩效评价的方式有很多种，比如关键事件法、目标管理法、平行比较法等，但无论是何种方法，都应当遵循客观、公正的原则。此外，还可以根据绩效评价，优化员工结构，使组织或团队始终保持强劲的活力。

在数字化时代，绩效评价也在从单一维度评价向多维度综合评价转变，包括业绩贡献、工作能力、价值观等，从而实现对员工的全面考察。

此外，也要将员工在任务执行过程中的工作数据和阶段性结果纳入绩效评价中来，对这些数据进行实时收集、实时评价，从而实现绩效管理的实时进行。通俗来讲就是做到对日常工作的随时评价和管理。比如，员工达成一项目标后，管理者要对其目标达成结果进行即时评价。这样就能够将员工的一切工作过程和结果数据存储起来，并作为日后绩效评价的依据，能够有效避免因转岗、领导层变动、业务变化等各种因素引起的数据丢失问题，从而进一步提升绩效评价的全面性与客观性。同时还可以对长期积累的绩效结果数据进行分析，掌握员工的成长情况，同时据此制定更加合理的人才决策。

随着企业数字化变革进程的加快，绩效管理也迎来了一系列变革，很多企业抓住新一代信息技术带来的机遇，逐步推动绩效敏捷化变革。当然，绩效变革并非简单地改变考核模式，而是包含绩效目标制定、绩效辅导、绩效评估、绩效结果应用等所有环节的变革，企业应当结合自身特点、发展现状以及战略目标，从根源上解决制约企业发展的难题。

可见，对新的敏捷绩效管理模式而言，其始终追求的是解决业务痛点问题，推动绩效持续改进，注重员工目标与企业战略目标对齐，注重绩效沟通、绩效反馈的时效性，激发员工主观能动性，促进员工成长，最终实现员企共赢。在数字化时代下，敏捷绩效管理对提升企业竞争实力、促进企业长足发展具有重要意义，现阶段我国企业的数字化管理已取得了显著成绩，未来也将会在新技术的推动下实现突破性进展。

建立数字化 KPI 体系

企业数字化转型是现阶段企业发展的主流趋势，也是企业实现现代化的核心战略。根据企业部门的不同，企业数字化战略又可以拆分为多个细化的战略，人力资源部门的人力资源数字化战略便是其中之一。在研究人力资源数字化战略时，应当先创建人力资源数据库，有了数据库的支撑，才能推动绩效考核由定性考核转变为定量考核，从而提升对组织与个人 KPI 评估的直观性与客观性。在企业数字化转型中，数字化 KPI 随之出现，其是企业数字化转型成效与数字化投资回报率（ROI）的有效评估指标，并逐渐升级为数字化企业的关键性工作。

企业依据外部市场环境与内部转型现状建立一套创新的绩效管理机制，对实现数字化战略极为重要。当然，这一机制必须是合法合规的、利于自身发展的，而且其应当能够调动员工积极性，发挥员工创造性，激励员工将自身利益与公司利益相结合，从而实现企业数字化战略，同时实现员工与企业的共同成长与进步。

1. KPI 与数字化 KPI

绩效指标指的是评估个人、组织或部门工作成效的指标，包含明确的考核内容与考核标准。绩效指标是企业创建绩效考核指标库的基础，也是企业进行绩效管理的重要凭据。在实际应用中，绩效指标需要根据企业业务与战略目标进行定期调整。

通常在进行实际绩效考核时，会确定被考核者的关键绩效指标（KPI），通过对 KPI 的考核与评估，评判员工关键工作的成效，进而推动员工业绩的提升。

数字化关键绩效指标（Digital KPI）是指评估企业数字化业务以及数字化转型战略成效的指标。与 KPI 一样，企业定期对数字化 KPI 进行考核，确定数字化战略在一定周期内的进展情况，并加以改善。

随着企业数字化升级的不断推进，绩效指标的设定逐渐趋于数字化，与企业战略目标的关联也愈发紧密。

2. 建立数字化 KPI 体系

对数字化企业而言，数字化 KPI 是评估业务部门与 IT 部门工作成效的新型指标，也是推动其高效运行的重要引擎，因此数字化 KPI 应当以结果为导向，制定企业的战略目标，并依据战略目标进行绩效管理。现阶段，企业开展数字化转型的首要任务应当是打造数字化的人力资源管理系统，创建数字化 KPI 体系，并发挥人力资源部门的辐射作用，带动企业其他部门的数字化升级。

在传统的业务模式中，传统 KPI 通常由产品、营销、利润、客户服务、供应链等要素指标组成，通过分析评估这些指标，确定企业各部门的工作成效，通常是对业务执行的实时数据进行考核，这种方式的特点往往表现为平面化和直接性。

但在企业数字化转型战略中，传统 KPI 也已经不适用，需要创建既可以满足数字化绩效管理需求，又能对企业数字化转型起到引领作用的数字化 KPI 体系，以更好地实现数字化战略，但这也是一项艰巨的任务。

传统 KPI 反映的通常是实物资产的增长收入、市场份额、利润贡献三项指标，而数字化 KPI 应当反映区别于实物资产的三项相关指标，并且在评估时，也应当注重其与非增长收入的区分，不能混为一谈，否则将无法准确评判其对战略目标的影响。

数字化 KPI 的实践应用

目前，越来越多的企业加入数字化转型的行列，但绝大部分企业都没有设立数字化 KPI，也就无法有效衡量转型成效。企业数字化转型的最终目的是提升企业竞争实力，实现持续发展。

具体来看，就是借助数字化技术对组织架构、业务流程、人员结构进行优化，使得产生的数据更加透明、清晰，管理者通过对这些数据进行观察和分析，提升自身对于企业经营问题的洞察能力，提升自身经营管理能力，从而制定更加科学的经营决策，将企业的客户资源、核心技术、经营数据、商业机密等资源转化为企业进步的驱动力，最终实现企业的长足发展。

然而，现阶段的情况是，企业内少数关键高层管理者掌握着这些资源，而要想发挥这些资源的价值，将其"留在企业里"，就需要企业加快人力资源管理数字化转型的进程，加快创建数字化 KPI，并应用于人才管理中。通常，数字化 KPI 的实践应用分为内控指标和外控指标，如图 16-3 所示。

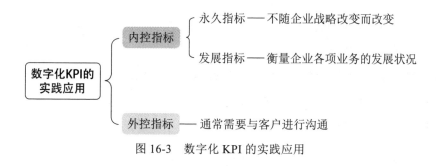

图 16-3　数字化 KPI 的实践应用

1. 内控指标

内控指标指的是主导权在内部流程的指标，通常也会分为永久指标和发展指标两种。

永久指标是指可以不随企业战略改变而改变的指标，比如产品合格率、目标完成度、客户满意度等，这些指标对应的目标任务量通常要根据企业自身发展情况来确定，再分配给各组织部门去执行。

发展指标是指衡量企业各项业务发展状况的指标，反映的是企业的战略意图，其考核通常由增长率表达出来，比如销售增长率、利润增长率等，但有的学者也将发展指标看作是销售额、利润额等指标。企业将发展指标的目标分配给相应部门，各部门必须全盘接受，然后通过内部商讨将目标进行拆解，确定最优执行方案并付诸实施。

2. 外控指标

相对于内控指标而言，外控指标是指主导权在外部流程的指标。外部指标的设定通常需要与客户进行沟通，比如新老客户的销售贡献率、渠道销售增长率等。但值得注意的是，外控指标受客户影响较大，而客户由于对数字化转型不了解或不支持可能会有排斥情绪，从而使数字化发展受到阻碍，因此，企业应当确定绩效考核的"平衡点"以获取客户信任，提升其安全感，从而释放客户的价值，保证数字化建设的正常推进。

简而言之，数字化 KPI 是企业数字化转型过程的产物，其目的是优化业务模式，确定经营方向，为企业谋求更好的发展道路。因此，企业应当深化数字化转型的战略引领作用，加强数字化管理人才的培育力度，着重创建数字化 KPI 体系，加快推进数字化 KPI 的应用，落实人力资源数字化战略，并最终实现企业数字化战略。

第十七章
数字化企业培训

传统企业培训 vs 数字化企业培训

企业培训是激活组织、创造组织价值的一种重要方式，尤其是在数字化时代。为了更好地适应瞬息万变的内外环境，抓住并满足快速更迭的市场需求，稳定员工队伍，让员工与企业共同成长，企业必须做好员工培训，打造一个学习型组织，铸造全新的竞争力。

虽然很多企业已经形成了培训文化，但如何在数字化转型的背景下打造数字化培训，成为企业管理者要解决的重要问题。下面我们对传统企业培训以及数字化企业培训的特点进行对比分析，对企业开展数字化培训的实践进行探究。

1. 传统企业培训的特点

传统企业培训主要通过三种方式开展，一种是讲师面对面授课，一种是老带新、传帮带，还有一种是现场观察实践。传统企业培训的优点在于可以帮助新员工快速了解企业的各种规章制度，快速融入工作环境；在一些实操类工作中，传统的企业培训可以让员工快速掌握工作流程以及各种注意事项，培训人员还能实时了解员工的学习情况，及时为员工提供帮助。

当然，传统企业培训也有缺点，主要表现在员工兴趣不足、培训时间和培训地点较为固定、培训成本比较高、培训内容更新效率比较低、培训内容比较少、培训效果难以评估六个方面，如表 17-1 所示。

表 17-1　传统企业培训的缺点

传统企业培训的缺点	详细内容
员工兴趣不足	培训内容、培训方式等较为僵化，较少考虑员工的兴趣和需求
培训时间、地点较为固定	由于不同员工的作息时间并不一致，因此较为固定的培训时间和地点容易引起员工不满
培训成本比较高	培训涉及的场地、师资等成本较高
培训内容更新效率比较低	对于处于不同业务领域和拥有不同成长需求的员工，较为固定的培训内容难以满足他们的需求
培训内容比较少	培训内容的丰富和更新需要消耗较大的成本
培训效果难以评估	基于成本、技术等方面的限制，难以对员工的培训效果进行实时监测和评估

2. 数字化企业培训的特点

企业数字化培训是利用数字化手段对企业培训流程进行改造，开发数字化的培训方式。其优点在于可以让培训内容与员工需求更契合，丰富培训内容，让员工可以汲取更多领域的知识；可以对培训效果进行追踪评估，让培训效果分析更准确、更客观；可以激发员工的内在潜力，为员工拓展多元化的发展渠道，从而更好地应对数字化转型带来的各种不确定性。具体来看，数字化企业培训的优点主要表现在以下六个方面，如表 17-2 所示。

表 17-2　数字化企业培训的优点

数字化企业培训的优点	详细内容
时间、空间更加灵活	数字化技术的应用使得员工能够根据自己的需要随时随地接受培训
定制化学习方案	数字技术能够较为全面准确地了解员工的需求，并以此为基础定制学习方案
多领域专业学习	可以采取在线学习、现场培训等不同的学习形式，并实时更新学习内容
成本优化	优质的学习资源能够共享，降低培训管理成本
持续追踪	实时收集与员工培训相关的数据，了解员工培训的效果
培训优化	通过监测及时了解培训过程中的异常状况，并基于数字化技术进行完善和优化

3.数字化企业培训的实践

（1）数字化工具辅助

数字化工具辅助指的是根据培训目的，选择合适的数字化设备与工具来增强员工对培训内容的理解，带给员工更好的培训体验，使培训效果达到最佳。

以沃尔玛使用VR技术开展员工培训为例。2017年，沃尔玛学院尝试使用VR设备对管理者以及部门经理进行培训，讲授高级零售技巧，取得了不错的效果。于是，次年，美国沃尔玛公司采购了17000台VR设备，下发给各个超市门店用于员工培训。在沃尔玛看来，VR用于员工培训最大的优点在于可以让学习更有体验感，让员工在培训过程中，在观看讲师演示时产生身临其境的感觉，有利于提升培训效果。

（2）搭建培训平台及引入外部课程

企业搭建内部培训平台，根据员工需要开发课程，同时要从外部引入课程，丰富培训平台的内容，并及时更新内容，实现培训资料的共享，让每一位员工都可以按需获取学习资料。另外，培训平台还可以利用大数据对员工的职业需求进行分析，有针对性地组织培训，切实满足员工提升自我的需求。

以惠普公司的培训体系为例，中国惠普公司设立了一个专门负责员工培训的部门——学习发展部，并形成了三层培训体系，分别是公共平台培训、专业平台培训和领导力培训，每个培训体系有着不同的培养目标以及不同的培训内容。例如公共平台培训汇聚了3000多门网上课程，这些课程有些是惠普自己开发的，有些是从第三方培训机构购买的，免费向公司所有员工开放，课程费用由学习发展部统一支付。同时，学习发展部还会根据每位员工的职业特点有针对性地为其安排培训内容，以保证培训效果。

（3）线上线下结合

虽然相较于传统企业培训来说，数字化企业培训有很多优点，但也有很多缺点，尤其是情景实践性不足，员工的培训需求与组织的培训需求无法紧密融合等，这些缺点一旦被放大，也会对企业发展造成不良影响。而线上线下相结合的培训方式恰好可以解决这一问题，有效弥补传统企业培训与数字化企业培训的不足，利用数字化技术，结合培训需求，制定有针对性的培训方案，切实提高员工的工作能力。

例如腾讯 T 族（技术开发人员）干部培训就采取了线上情景与线下赶集场相结合的方式，其中线下赶集场指的是学员提出问题，其他学员给出回应或者建议，最后由讲师做出点评。在培训之前，企业先进行调研，收集 T 族基层干部在管理中经常遇到的问题，最后总结出 18 个典型问题，并开发出 18 个典型的场景，将这些场景放到网上，然后设置赶集场，让学员针对这些问题畅所欲言，找到问题的核心所在，并形成解决方案。

（4）实时培训

数字化培训打破了时空限制，可以在线上对培训内容、培训资料、培训成果进行实时传输，对培训成果进行测评，并支持学员与讲师、学员与学员实时互动，从而不断拓展培训维度，丰富培训场景，为学员创造一个随时随地都可以学习的环境，让培训成为"常态"。

以思科为例，思科 WebEx 支持员工随时随地共享自己的桌面。无论员工身处何地，只要借助一台能够接入网络的电脑或者手机，就可以接入 WebEx，将所有人的注意力集中到一个页面上，思考、讨论同一个问题。员工还可以通过电子邮件以及即时通信工具向其他员工发送链接，邀请他们参与讨论。接收到链接的员工只需要点击链接，输入用户名和密码就可以完成登录，与大家一起在线学习、互动。在互动过程中，员工只要点击菜单中的"分享"按钮就可以共享学习资料以及应用程序。

在数字化时代，企业的内部组织以及所面临的外部环境都将处于实时变化状态。企业想要实现可持续发展，必须能够敏锐地感知这种变化，并及时做出反应。对于处在数字化时代的企业来说，这是一项关键能力，而持续学习是获取这项能力的重要手段。需要注意的是，在企业数字化转型的同时，企业的培训方式也在数字化。数字化技术的融入不仅拓展了传统培训模式的边界，也催生了很多新型的培训方式。如何找到适合企业的培训方式，提高培训效能，提高组织的学习能力，打造一个学习型组织，为企业的成长与发展提供源源不断的动力，已经成为HR亟须解决的一个重要问题。

HR 需要注意的是，传统培训与数字化培训不是对立的，而是相辅相成的。在数字化培训尚不成熟的阶段，HR 不要盲目用数字化培训取代传统培训，而是应该根据企业的能力以及员工的需求创建一个系统的培训体系以及成熟的人才开发模式，实现培训效果最大化。

数字化时代的培训新模式

随着5G、人工智能、大数据等先进技术快速发展，人类社会进入了数字化时代，对企业的经营方式、管理模式以及培训方式产生了重大影响。企业培训可以帮助各岗位员工掌握更多专业知识与技能，更好地适应岗位的工作需求，提升员工的竞争力，帮助员工实现个人成长与发展。在数字化时代，越来越多的企业开始尝试利用数字化技术对培训方式进行改革，大力发展数字化培训，以拓展员工的培训渠道，丰富员工的培训内容，提高员工的专业能力与凝聚力。

目前，越来越多的企业意识到员工培训的重要性，将员工培训贯穿员工个人职业生涯的全过程，形成了职前培训、职中培训以及终身教育三位一体的培训体系，帮助员工实现个人成长与发展，也让员工有足够的能力为企业发展贡献自己的力量。

企业内部培训面向的是所有员工，既包括各个层级的管理者，也包括基层员工，尤其是新员工。对于企业来说，新员工入职培训非常重要。因为只有经过入职培训，新员工才能更全面、系统地了解企业文化、企业架构、企业的规章制度以及岗位职责，才能快速形成岗位意识与岗位能力，快速适应岗位。

目前，大多数企业的入职培训采用的都是面对面讲授的方式，讲师主要由中层以上的领导者或者主管担任，主要任务是让新员工了解企业的发展史，尽可能全面地掌握企业的产品信息、营销战略、组织架构等，帮助新员工尽快建立对企业的认同，快速融入企业。在数字化时代，企业的培训方式会发生巨大的改变，这种改变主要表现在三个方面，图 17-1 所示为数字化时代的培训新模式。

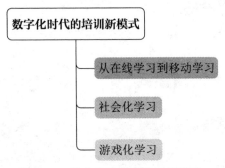

图 17-1　数字化时代的培训新模式

1. 从在线学习到移动学习

在数字化时代，企业培训也要向着数字化方向转型，员工的学习方式也要随之改变。传统的企业培训是企业确定了培训时间与培训地点之后，下属机构或者各部门挑选需要接受培训的员工前往指定地点接受培训。对于企业来说，组织一场培训需要投入很多人力、物力；对于员工来说，往返培训地点需要消耗大量时间。数字化培训打破了时空限制，支持员工利用计算机与网络在闲暇时间观看培训视频，完成在线培训，极大地降低了培训成本，提高了培训效果。

2. 社会化学习

在数字化时代，企业培训将逐渐转变为社会化学习。起初，企业借助互联网开展培训，就是直接将培训资源上传到网络，或者将培训内容分解成碎片化的知识与内容，等待学习者主动搜索、学习。企业利用数字化、信息化技术开展培训，可以主动向员工推送学习内容，并且支持员工将这些知识分享到社交网络，实现知识的传播与扩散，形成社会化学习。

3. 游戏化学习

在数字化时代，一些企业引入了游戏化学习方式，让员工在游戏的过程中汲取知识，借此提高员工参与培训的积极性。这种游戏化的学习方式还改变了企业组织数字化培训时所面临的培训方式单一的问题，支持企业根据自身情况，积极组织情景模拟游戏，以游戏化的方式营造轻松的培训氛围，激励员工好好学习。随着技术的发展，目前还可以通过采取虚拟人物担任导师或人机交互的方式完成员工培训工作，这些都是非常受年轻人喜欢的培训方式。

数字化学习的实践策略

近年来，越来越多的企业投入巨资购入信息源发出设备以及软件系统，尝试构建属于自己的局域网和工作网。随着 5G 的覆盖范围越来越广，智能设备与移动智能终端实现普及应用，远程培训、数字化学习将逐渐成为企业培训的一个重要选择。

在企业的数字化培训中，微博、微信、腾讯会议等软件是非常重要的工具，支持学员随时随地接收学习资料、开展学习培训。凭借培训内容丰富、可以随时随地学习、培训效果好、培训成本低等优点，数字化培训逐渐成为企业的主流培训方式，吸引了越来越多的员工参与。

数字化培训支持学员根据自身情况自由选择培训时间、培训地点以及培训方式，给学员提供了广阔的选择空间。再加上，由于数字化培训引入了数字化工具，所以知识传输链条变得更长，知识可以更加快捷地传输，可以让员工在培训过程中始终保持高效的学习状态，从而保证培训效果。总的来说，数字化学习的实践策略主要包括以下三个方面，如图 17-2 所示。

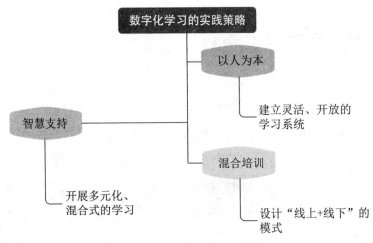

图 17-2　数字化学习的实践策略

1. 以人为本：建立灵活、开放的学习系统

企业培训面向的是企业员工，要始终坚持"以人为本"的原则。为此，企业要抓住数字化时代的特点，积极引入大数据、云计算等技术构建一个

开放、灵活的数字化学习系统，调查、了解员工的培训需求，根据员工的培训需求整合海量知识与学习资料，供员工随时随地访问提取，以满足员工随时随地学习的需求。同时，这个数字化的学习系统还可以根据员工需求有针对性地创建培训课程，以保证培训效果。

另外，随着95后、00后进入职场，在企业的员工结构中，年轻员工的占比持续提升。在这种情况下，构建数字化学习系统时要充分考虑年轻员工的学习特点，为年轻员工提供他们容易接受的培训方式，同时要充分尊重人类认知的基本规律，帮助员工实现个性化成长与发展。

2. 智慧支持：开展多元化、混合式的学习

进入数字化时代以来，VR、AR、5G等新技术层出不穷，为了适应培训数字化的发展趋势，一些企业开始借助特定的网络平台和网络环境，在这些新技术的支持下开展在线教育。在这种培训模式下，数字化培训资源会通过网络在各个区域之间流动。再加上多种类型的即时通信软件的参与，催生了各种各样的培训方式，包括单一的视频培训、云点播、云直播等，导致数字化培训环境与载体变得比较复杂。

为此，企业要基于自己拥有的资源，立足于自身的培训需求，创建多元化的培训环境，对内部或者外界的培训资源进行整合，上线多种培训方式，让员工可以根据自身情况自由选择。在资金充裕的情况下，企业还可以尝试构建数字化学习平台，或者引入数字化学习平台，为员工打造一个专属的学习基地。

3. 混合培训：设计"线上＋线下"的模式

企业开展数字化培训，需要整合线上、线下的资源，设计"线上＋线下"的混合式培训模式。这种培训模式是在互联网环境下，随着互联网在教育领域渗透所形成的，既整合了现有的教学资源，又提高了各类教学资源的

共享程度，使得员工可以对各类教学资源进行自由选择、充分利用，从而提高员工参与培训的积极性，吸引员工主动参与到各种培训活动中。下面对这种混合培训模式的特点进行详细分析。

① 线上、线下混合培训模式要始终立足于员工的学习需求，促进研、学、训、用的高度集成，支持参与培训的员工根据自身的认知能力、兴趣爱好、培训需求自由地选择培训内容。如果企业资源丰富、资金充裕，还可以面向员工的个性化学习需求构建微型学习平台。

② 在混合培训模式下，学员之间可以根据知识层次、学习需求、性格特点等自行组建学习团队。在参与培训的过程中，学习团队要发挥团队成员的优势，采用小组协作的方式自主学习、自主探究，降低对讲师的依赖，提高培训效率，保证培训效果。

③ 企业整合线上、线下资源打造的混合培训模式往往会有配套的 App 与课外实践训练平台，支持员工搜寻所需的学习资源，自主参与实训。

为了让员工能够全方位汲取知识，保证培训效果，混合培训模式应该集理论梳理、操作演示、现场实训、现场辅导、讨论答疑等功能于一体，创建一个相对完整的培训体系，让员工在参与培训的过程中，能够利用简单测试、即时测试、个性化学习测试、自动批改、同伴互评等工具进行测评，了解自己的学习效果。如果测试结果不合格，员工可以自行查漏补缺，重新学习，并调整自己的学习计划，从而保证培训效果，而不是一味地追赶培训进度忽略培训结果。

进入数字化时代之后，企业培训也开始向着数字化的方向转型发展。在此形势下，企业要抓住数字化时代的特点，创新培训理念与培训方式，在资金充裕的情况下可以自行构建数字化学习平台，对线上线下的学习资源进行整合，形成多元化的培训机制，更好地满足员工的学习需求。

数智驱动的员工个性化学习

随着以数字化、智能化、互联网化为主要特征的各种新兴技术的发展，企业加快了推进数字化转型建设的速度，并将各种新兴技术引入人才培养的环节，利用技术为员工量身打造不同的学习计划，提供多样化的学习体验。新兴技术在企业培训中的应用能够让企业实现个性化培训，让员工可以进行个性化学习。

个性化学习方案是针对每个员工的兴趣、背景、需求、技能、优势、能力和经验专门定制的学习方案。在个性化学习的前提下，作为学习者的各个员工能够化被动为主动，对自己的学习培训内容有更清晰的认知和更浓厚的兴趣。

具体来说，企业若要实现员工个性化的数字学习与培训，可以从以下几个方面入手，如图 17-3 所示。

图 17-3　实现员工个性数字化学习与培训的三大关键

1. 提供个性化的学习支持

随着各种新兴技术在生产生活中应用的日益深入，"个性化"逐渐渗透到人们生活的方方面面，尤其是在企业培训中的应用，为员工的学习提供了全新的方式方法，充分满足了员工对具有高度个性化和适配性的学习培训活动的需求。

学习体验平台、企业学习助手等新一代在线学习管理系统不断更新升级，功能和应用逐渐丰富，目前已经能够为企业员工提供定制化、个性化、社交化的学习模式和内容，因此，市场对在线学习管理系统的接受度越来越高，许多大型企业都积极将其应用到自身的员工培训当中。

2. 动态定位员工的"最近发展区"

著名心理学家维果斯基在研究儿童心理学的过程中提出"最近发展区理论"，他认为学生的发展有两种水平，即现有水平和潜在水平，其中，现有水平指的是人自主解决问题的能力水平，潜在水平指的是人在经过他人教学后或与他人合作后能获得的解决问题的能力水平，而最近发展区就是现有水平和潜在水平之间的差距。

维果斯基指出"教学应着眼于最近发展区"，因此，企业在进行员工培训时要重视对各个员工的最近发展区的动态定位，并基于员工的现有水平联系起员工学习和工作过程中的各个阶段的任务成果，更好地支撑员工完成知识与技能之间的转化。

动态定位员工的最近发展区和实时更新员工的学习方案不仅有助于激发员工的工作积极性，让员工在工作中有更大的发挥空间，加速员工成长，还能让员工持续保持学习热情，以更加积极的态度面对工作中的挑战。

3. 由数据驱动企业学习

进入大数据时代后，数据成为关键生产要素，在各个领域都发挥出十分重要的作用。在数字化培训方面，企业可以借助先进的数字技术采集、整合、分析多维度的员工数据和大量内容数据，并基于数据为各个员工打造自动化的学习决策模型，形成数据驱动的企业学习模式，提高培训的个性化程度。

数据驱动的企业学习具有十分完整的学习流程，能涵盖从数据收集、整理、报告到学习分析和决策建议的全部环节，即便员工个人、行业、市场等条件发生改变，也能根据条件的实时变化为员工提供合适的学习内容，并辅助企业完成培训与学习规划方面的决策。

　　具体来说，数据驱动的企业学习能借助对海量数据的分析准确把握各个岗位的知识结构，并以此为依据绘制岗位地图和人才地图，不仅如此，还能采集和分析员工在互联网中的各项行为数据和信息，进一步掌握员工的兴趣爱好、学习习惯、工作规律等，生成员工的实时画像数据，并以此为依据向其提供学习内容。

　　除此之外，在企业中负责员工学习和培训的人员也能利用员工的学习数据来获取更多有用信息，精准掌握各个岗位的实时发展趋势，从而及时调整并优化学习培训策略，提高学习培训的投资回报率。